कुरुक्षेत्र

(प्रबंध कविता)

कवि द्वारा लिखित व्याख्यात्मक टिप्पणियों सहित नवीन संस्करण

रामधारी सिंह 'दिनकर'

राजपाल

स्थापित 1912
100 वर्षों की श्रेष्ठ प्रकाशन परम्परा
राजपाल

₹ 199

ISBN : 9788170281863

KURUKSHETRA (Poetry) by Ramdhari Singh 'Dinkar'

मुद्रक : जी.एस. ऑफ़सेट, दिल्ली

राजपाल एण्ड सन्ज़

1590, मदरसा रोड, कश्मीरी गेट, दिल्ली-110006

फोन : 011-23869812, 23865483, 23867791

e-mail : sales@rajpalpublishing.com

www.rajpalpublishing.com

www.facebook.com/rajpalandsons

निवेदन

'कुरुक्षेत्र' की रचना भगवान व्यास के अनुकरण पर नहीं हुई है और न महाभारत को दुहराना ही मेरा उद्देश्य था। मुझे जो कुछ कहना था, वह युधिष्ठिर और भीष्म का प्रसंग उठाये बिना भी कहा जा सकता था, किन्तु, तब यह रचना, शायद, प्रबन्ध के रूप में नहीं उतरकर मुक्तक बनकर रह गयी होती। तो भी, यह सच है कि इसे प्रबन्ध के रूप में लाने की मेरी कोई निश्चित योजना नहीं थी। बात यों हुई कि पहले मुझे अशोक के निर्वेद ने आकर्षित किया और 'कलिंग-विजय'[1] नामक कविता लिखते-लिखते मुझे ऐसा लगा, मानो, युद्ध की समस्या मनुष्य की सारी समस्याओं की जड़ हो। इसी क्रम में द्वापर की ओर देखते हुए मैंने युधिष्ठिर को देखा, जो 'विजय', इस छोटे-से शब्द को कुरुक्षेत्र में बिछी हुई लाशों से तोल रहे थे। किन्तु यहाँ भीष्म के धर्म-कथन में प्रश्न का दूसरा पक्ष भी विद्यमान था। आत्मा का संग्राम आत्मा से और देह का संग्राम देह से जीता जाता है। यह कथा युद्धान्त की है। युद्ध के आरम्भ में स्वयं भगवान कृष्ण ने अर्जुन से जो कुछ कहा था, उसका सारांश भी अन्याय के विरोध में तपस्या के प्रदर्शन का निवारण ही था।

युद्ध निन्दित और क्रूर कर्म है; किन्तु, उसका दायित्व किस पर होना चाहिए? उस पर, जो अनीतियों का जाल बिछाकर प्रतिकार को आमंत्रण देता है? या उस पर, जो जाल को छिन्न-भिन्न कर देने के लिए आतुर है? पाण्डवों को निर्वासित करके एक प्रकार की शान्ति की रचना तो दुर्योधन ने भी की थी; तो क्या युधिष्ठिर महाराज को इस शान्ति को भंग नहीं करना चाहिए था?

ये ही कुछ मोटी बातें हैं, जिन पर सोचते-सोचते यह काव्य पूरा हो गया। भीष्म और युधिष्ठिर का आलम्बन लेकर मैंने इस पागल कर देने वाले प्रश्न को, प्रायः, उसी प्रकार उपस्थित किया है, जैसा मैं उसे समझ सका हूँ। इसलिए, मैं ज़रा भी दावा नहीं करता कि कुरुक्षेत्र के भीष्म और युधिष्ठिर, ठीक-ठीक, महाभारत के ही युधिष्ठिर और भीष्म हैं। यद्यपि मैंने सर्वत्र ही इस बात का ध्यान रखा है कि भीष्म अथवा युधिष्ठिर के मुख से कोई ऐसी बात न निकल जाये, जो द्वापर के लिए सर्वथा अस्वाभाविक हो। हाँ, इतनी स्वतन्त्रता ज़रूर ली गयी है कि जहाँ भीष्म किसी ऐसी बात का वर्णन कर रहे हों, जो हमारे युग के अनुकूल पड़ती हो, उसका वर्णन नये और विशद रूप से कर दिया जाये। कहीं-कहीं इस अनुमान पर भी काम लिया गया है कि उसी प्रश्न से मिलते-जुलते किसी अन्य प्रश्न पर भीष्म पितामह का

1. यह कविता 'सामधेनी' में संगृहीत है।

उत्तर क्या हो सकता था। सच तो यह है कि "यन्न भारते तन्न भारते" की कहावत अब भी बिलकुल खोखली नहीं हुई है। जब से मैंने महाभारत में भीष्म द्वारा कथित राजतंत्रहीन समाज एवं ध्वंसीकरण की नीति (स्काच्र्ड अर्थ पॉलिसी) का वर्णन पढ़ा है, तब से मेरी यह आस्था और भी बलवती हो गयी है।

जहाँ कोई भी ऐसी उड़ान आयी है, जिसका सम्बन्ध द्वापर से नहीं बैठता, उसका सारा दायित्व मैंने अपने ऊपर ले लिया है। ऐसे प्रसंग अपनी प्रक्षिप्तता के कारण, पाठकों की पहचान में आप ही आ जायेंगे। पूरा का पूरा छठा सर्ग ऐसा ही क्षेपक है, जो इस काव्य से टूटकर अलग भी जी सकता है।

अन्त में, एक निवेदन और। 'कुरुक्षेत्र' के प्रबन्ध की एकता उसमें वर्णित विचारों को लेकर है। दरअसल, इस पुस्तक में मैं, प्रायः, सोचता ही रहा हूँ। भीष्म के सामने पहुँचकर कविता जैसे भूल-सी गयी हो। फिर भी, कुरुक्षेत्र न तो दर्शन है और न किसी ज्ञानी के प्रौढ़ मस्तिष्क का चमत्कार। यह तो अन्ततः, एक साधारण मनुष्य का शंकाकुल हृदय ही है, जो मस्तिष्क के स्तर पर चढ़कर बोल रहा है। तथास्तु।

आषाढ़ 2003 —रामधारी सिंह 'दिनकर'

विज्ञप्ति

अब तक 'कुरुक्षेत्र' का प्रकाशन उदयाचल से होता रहा है। किन्तु अब मैंने उदयाचल को यह नोटिस दे दिया है कि वह मुझसे लिखित अनुमति लिये बिना मेरी कोई भी पुस्तक प्रकाशित न करे। अतएव कुरुक्षेत्र का यह नया संस्करण राजपाल एण्ड सन्ज़ के यहाँ से प्रकाशित हो रहा है।

'कुरुक्षेत्र' के बीस-बाईस संस्करण निकल चुके हैं। चूँकि बहुत दिनों से मैं कुरुक्षेत्र का प्रूफ़ नहीं देख सका था, इससे पुस्तक में जहाँ-तहाँ अनेक भूलें रह गयी थीं। इस बार मैंने परिश्रम करके भूलें सुधार दी हैं।

'कुरुक्षेत्र' पुस्तक कई जगहों पर पाठ्य-ग्रन्थ के रूप में पढ़ायी जाती है। कई प्रसंगों को लेकर छात्रों और शिक्षकों ने मुझे पत्र लिखे थे। उन प्रसंगों में से कुछ पर समीचीन टिप्पणियाँ इस संस्करण में जोड़ दी गयी हैं। आशा है, इन टिप्पणियों से छात्रों और शिक्षकों को थोड़ा प्रकाश मिलेगा।

नई दिल्ली 18.04.74 —रामधारी सिंह 'दिनकर'

कुरुक्षेत्र
प्रथम सर्ग

वह कौन रोता है वहाँ—
इतिहास के अध्याय पर,
जिसमें लिखा है, नौजवानों के लहू का मोल है
प्रत्यय किसी बूढ़े, कुटिल नीतिज्ञ के व्याहार का;
जिसका हृदय उतना मलिन जितना कि शीर्ष वलक्ष है;
जो आप तो लड़ता नहीं,
कटवा किशोरों को मगर,
आश्वस्त होकर सोचता,
शोणित बहा, लेकिन, गयी बच लाज सारे देश की?

और तब सम्मान से जाते गिने
नाम उनके, देश-मुख की लालिमा
है बची जिनके लुटे सिन्दूर से;
देश की इज़्ज़त बचाने के लिए
या चढ़ा जिसने दिये निज लाल हैं।

ईश जानें, देश का लज्जा विषय
तत्त्व है कोई कि केवल आवरण
उस हलाहल-सी कुटिल द्रोहाग्नि का
जो कि जलती आ रही चिरकाल से
स्वार्थ-लोलुप सभ्यता के अग्रणी
नायकों के पेट में जठराग्नि-सी।

विश्व-मानव के हृदय निर्द्वेष में
मूल हो सकता नहीं द्रोहाग्नि का;
चाहता लड़ना नहीं समुदाय है,
फैलतीं लपटें विषैली व्यक्तियों की साँस से।

हर युद्ध के पहले द्विधा लड़ती उबलते क्रोध से,
हर युद्ध के पहले मनुज है सोचता, क्या शस्त्र ही-
उपचार एक अमोघ है
अन्याय का, अपकर्ष का, विष का, गरलमय द्रोह का।

लड़ना उसे पड़ता मगर।
औ' जीतने के बाद भी,
रणभूमि में वह देखता है सत्य को रोता हुआ;
वह सत्य, है जो रो रहा इतिहास के अध्याय में
विजयी पुरुष के नाम पर कीचड़ नयन का डालता।

उस सत्य के आघात से
हैं झनझना उठती शिराएँ प्राण की असहाय-सी,
सहसा विपंची पर लगे कोई अपरिचित हाथ ज्यों।
वह तिलमिला उठता, मगर,
है जानता इस चोट का उत्तर न उसके पास है।

सहसा हृदय को तोड़कर
कढ़ती प्रतिध्वनि प्राणगत अनिवार सत्याघात की-
"नर का बहाया रक्त, हे भगवान! मैंने क्या किया?"
लेकिन, मनुज के प्राण, शायद, पत्थरों के हैं बने।
इस दंश का दुख भूल कर
होता समर-आरूढ़ फिर;
फिर मारता, मरता,
विजय पाकर बहाता अश्रु है।

यों ही, बहुत पहले कभी कुरुभूमि में
नर-मेध की लीला हुई जब पूर्ण थी,
पीकर लहू जब आदमी के वक्ष का
वज्रांग पाण्डव भीम का मन हो चुका परिशान्त था।

और जब व्रत-मुक्त-केशी द्रौपदी,
मानवी अथवा ज्वलित, जाग्रत शिखा प्रतिशोध की

दाँत अपने पीस अन्तिम क्रोध से,
आदमी के गर्म लोहू से चुपड़
रक्त-वेणी कर चुकी थी केश की,
केश जो तेरह बरस से थे खुले।

और जब पविकाय पाण्डव भीम ने
द्रोण-सुत के सीस की मणि छीन कर
हाथ में रख दी प्रिया के मग्न हो
पाँच नन्हे बालकों के मूल्य-सी।

कौरवों का श्राद्ध करने के लिए
या कि रोने को चिता के सामने,
शेष जब था रह गया कोई नहीं
एक वृद्धा, एक अन्धे के सिवा।

और जब,
तीव्र हर्ष-निनाद उठ कर पाण्डवों के शिविर से
घूमता फिरता गहन कुरुक्षेत्र की मृतभूमि में,
लड़खड़ाता-सा हवा पर एक स्वर निस्सार-सा,
लौट आता था भटक कर पाण्डवों के पास ही,
जीवितों के कान पर मरता हुआ,
और उन पर व्यंग्य-सा करता हुआ-
''देख लो, बाहर महा सुनसान है
सालता जितना हृदय मैं, लोग वे सब जा चुके।''

हर्ष के स्वर में छिपा जो व्यंग्य है,
कौन सुन समझे उसे? सब लोग तो
अर्द्ध-मृत-से हो रहे आनन्द से;
जय-सुरा की सनसनी से चेतना निस्पन्द है।

किन्तु, इस उल्लास-जड़ समुदाय में
एक ऐसा भी पुरुष है, जो विकल
बोलता कुछ भी नहीं, पर, रो रहा
मग्न चिन्तालीन अपने-आप में।

"सत्य ही तो, जा चुके सब लोग हैं
दूर ईर्ष्या-द्वेष, हाहाकार से।
मर गये जो, वे नहीं सुनते इसे;
हर्ष का स्वर जीवितों का व्यंग्य है।"

स्वप्न-सा देखा, सुयोधन कह रहा-
"ओ युधिष्ठिर, सिन्धु के हम पार हैं;
तुम चिढ़ाने के लिए जो कुछ कहो,
किन्तु, कोई बात हम सुनते नहीं।

"हम वहाँ पर हैं, महाभारत जहाँ
दीखता है स्वप्न अन्तःशून्य-सा,
जो घटित-सा तो कभी लगता, मगर,
अर्थ जिसका अब न कोई याद है।

"आ गये हम पार, तुम उस पार हो;
यह पराजय या कि जय किसकी हुई?
व्यंग्य, पश्चात्ताप, अन्तर्दाह का
अब विजय-उपहार भोगो चैन से।"

हर्ष का स्वर घूमता निस्सार-सा
लड़खड़ाता मर रहा कुरुक्षेत्र में,
औ' युधिष्ठिर सुन रहे अव्यक्त-सा
एक रव मन का कि व्यापक शून्य का।

"रक्त से सिंच कर समर की मेदिनी
हो गयी है लाल नीचे कोस-भर,
और ऊपर रक्त की खर धार में
तैरते हैं अंग रथ, गज, बाजि के।

"किन्तु, इस विध्वंस के उपरान्त भी
शेष क्या है? व्यंग्य ही तो भाग्य का?
चाहता था प्राप्त मैं करना जिसे
तत्त्व वह करगत हुआ या उड़ गया?

"सत्य ही तो, मुष्टिगत करना जिसे
चाहता था, शत्रुओं के साथ ही
उड़ गये वे तत्त्व, मेरे हाथ में
व्यंग्य, पश्चाताप केवल छोड़कर।

"यह महाभारत वृथा, निष्फल हुआ,
उफ! ज्वलित कितना गरलमय व्यंग्य है?
पाँच ही असहिष्णु नर के द्वेष से
हो गया संहार पूरे देश का।

"द्रौपदी हो दिव्य-वस्त्रालंकृता,
और हम भोगें अहम्मय राज्य यह,
पुत्र-पति-हीना इसी से तो हुईं
कोटि माताएँ, करोड़ों नारियाँ!

"रक्त से छाने हुए इस राज्य को
वज्र हो कैसे सकूँगा भोग मैं?
आदमी के खून में यह है सना
और है इसमें लहू अभिमन्यु का।"

वज्र-सा कुछ टूटकर स्मृति से गिरा,
दब गये कौन्तेय दुर्वह भार से,
दब गयी वह बुद्धि जो अब तक रही
खोजती कुछ तत्त्व रण के भस्म में।

भर गया ऐसा हृदय दुख-दर्द-से,
फेन या बुदबुद नहीं उसमें उठा।
खींचकर उच्छ्वास बोले सिर्फ़ वे
"पार्थ, मैं जाता पितामह पास हूँ।"

और हर्ष-निनाद अन्तःशून्य-सा
लड़खड़ाता मर रहा था वायु में।

द्वितीय सर्ग

आयी हुई मृत्यु से कहा अजेय भीष्म ने कि
"योग नहीं जाने का अभी है, इसे जानकर,
रुकी रहो पास कहीं;" और स्वयं लेट गये
बाणों का शयन, बाण का ही उपधान कर।
व्यास कहते हैं, रहे यों ही वे पड़े विमुक्त,
काल के करों से छीन मुष्टि-गत प्राण कर।
और पंथ जोहती विनीत कहीं आस-पास
हाथ जोड़ मृत्यु रही खड़ी शास्ति मान कर।

शृंग चढ़ जीवन के आर-पार हेरते-से
योगलीन लेटे थे पितामह गंभीर-से।
देखा धर्मराज ने, विभा प्रसन्न फैल रही
श्वेत शिरोरुह शर-ग्रथित शरीर से।
करते प्रणाम, छूते सिर से पवित्र पद,
उँगली को धोते हुए लोचनों के नीर से,
"हाय पितामह, महाभारत विफल हुआ"
चीख उठे धर्मराज व्याकुल, अधीर-से।

"वीर-गति पाकर सुयोधन चला गया है,
छोड़ मेरे सामने अशेष ध्वंस का प्रसार;
छोड़ मेरे हाथ में शरीर निज प्राणहीन,
व्योम में बजाता जय-दुन्दुभि-सा बार-बार;
और यह मृतक शरीर जो बचा है शेष,
चुप-चुप, मानो, पूछता है मुझसे पुकार-
विजय का एक उपहार मैं बचा हूँ, बोलो,
जीत किसकी है और किसकी हुई है हार?

"हाय, पितामह, हार किसकी हुई है यह?
ध्वंस-अवशेष पर सिर धुनता है कौन?
कौन भस्मराशि में विफल सुख ढूँढ़ता है?
लपटों से मुकुट का पट बुनता है कौन?
और बैठ मानव की रक्त-सरिता के तीर
नियति के व्यंग्य-भरे अर्थ गुनता है कौन?
कौन देखता है शवदाह बन्धु-बान्धवों का?
उत्तरा का करुण विलाप सुनता है कौन?

"जानता कहीं जो परिणाम महाभारत का,
तन-बल छोड़ मैं मनोबल से लड़ता;
तप से, सहिष्णुता से, त्याग से सुयोधन को
जीत, नयी नींव इतिहास की मैं धरता।
और कहीं वज्र गलता न मेरी आह से जो,
मेरे तप से नहीं सुयोधन सुधरता;
तो भी हाय, यह रक्त-पात नहीं करता मैं,
भाइयों के संग कहीं भीख माँग मरता।

"किन्तु, हाय, जिस दिन बोया गया युद्ध-बीज,
साथ दिया मेरा नहीं मेरे दिव्य ज्ञान ने;
उलट दी मति मेरी भीम की गदा ने और
पार्थ के शरासन ने, अपनी कृपाण ने;
और जब अर्जुन को मोह हुआ रण-बीच,
बुझती शिखा में दिया घृत भगवान ने;
सबकी सुबुद्धि पितामह, हाय, मारी गयी,
सबको विनष्ट किया एक अभिमान ने।

"कृष्ण कहते हैं, युद्ध अनघ है, किन्तु मेरे
प्राण जलते हैं पल-पल परिताप से;
लगता मुझे है, क्यों मनुष्य बच पाता नहीं
दह्यमान इस पुराचीन अभिशाप से?

और महाभारत की बात क्या? गिराये गये
जहाँ छल-छद्म से वरेण्य वीर आप-से,
अभिमन्यु-वध औ' सुयोधन का वध हाय,
हममें बचा है यहाँ कौन, किस पाप से?

"एक ओर सत्यमयी गीता भगवान की है,
एक ओर जीवन की विरति प्रबुद्ध है;
जानता हूँ, लड़ना पड़ा था हो विवश, किन्तु,
लोहू-सनी जीत मुझे दीखती अशुद्ध है;
ध्वंसजन्य सुख याकि साश्रु दुख शान्तिजन्य,
ज्ञात नहीं, कौन बात नीति के विरुद्ध है;
जानता नहीं मैं कुरुक्षेत्र में खिला है पुण्य,
या महान पाप यहाँ फूटा बन युद्ध है।

"सुलभ हुआ है जो किरीट कुरुवंशियों का,
उसमें प्रचण्ड कोई दाहक अनल है;
अभिषेक से क्या पाप मन का धुलेगा कभी?
पापियों के हित तीर्थ-वारि हलाहल है;
विजय कराल नागिनी-सी डँसती है मुझे,
इससे न जूझने को मेरे पास बल है;
ग्रहण करूँ मैं कैसे? बार-बार सोचता हूँ,
राजसुख लोहू-भरी कीच का कमल है।

"बालहीना माता की पुकार कभी आती, और
आता कभी आर्त्तनाद पितृहीन बाल का;
आँख पड़ती है जहाँ, हाय, वहीं देखता हूँ
सेंदुर पुँछा हुआ सुहागिनी के भाल का;
बाहर से भाग कक्ष में जो छिपता हूँ कभी,
तो भी सुनता हूँ अट्टहास क्रूर काल का;
और सोते-जागते मैं चौंक उठता हूँ, मानो
शोणित पुकारता हो अर्जुन के लाल का।

''जिस दिन समर की अग्नि बुझ शान्त हुई,
एक आग तब से ही जलती है मन में;
हाय, पितामह, किसी भाँति नहीं देखता हूँ
मुँह दिखलाने योग्य निज को भुवन में;
ऐसा लगता है, लोग देखते घृणा से मुझे,
धिक् सुनता हूँ अपने पै कण-कण में;
मानव को देख आँखें आप झुक जातीं, मन
चाहता अकेला कहीं भाग जाऊँ वन में।

''करूँ आत्मघात तो कलंक और घोर होगा,
नगर को छोड़ अतएव, वन जाऊँगा;
पशु-खग भी न देख पायें जहाँ, छिप किसी
कन्दरा में बैठ अश्रु खुलके बहाऊँगा;
जानता हूँ, पाप न धुलेगा वनवास से भी,
छिपा तो रहूँगा, दुःख कुछ तो भुलाऊँगा;
व्यंग्य से बिंधेगा वहाँ जर्जर हृदय तो नहीं,
वन में कहीं तो धर्मराज न कहाऊँगा।''

और तब चुप हो रहे कौन्तेय,
संयमित करके किसी विध शोक दुष्परिमेय
उस जलद-सा एक पारावार
हो भरा जिसमें लबालब, किन्तु, जो लाचार
बरस तो सकता नहीं, रहता मगर बेचैन है।

भीष्म ने देखा गगन की ओर
मापते, मानो, युधिष्ठिर के हृदय का छोर;
और बोले, ''हाय नर के भाग!
क्या कभी तू भी तिमिर के पार
उस महत् आदर्श के जग में सकेगा जाग,
एक नर के प्राण में जो हो उठा साकार है
आज दुख से, खेद से, निर्वेद के आघात से?''

औ' युधिष्ठिर से कहा, "तूफ़ान देखा है कभी?
किस तरह आता प्रलय का नाद वह करता हुआ,
काल-सा वन में द्रुमों को तोड़ता-झकझोरता,
और मूलोच्छेद कर भू पर सुलाता क्रोध से
उन सहस्रों पादपों को जो कि क्षीणाधार हैं?
रुग्ण शाखाएँ द्रुमों की हरहरा कर टूटतीं,
टूट गिरते शावकों के साथ नीड़ विहंग के;
अंग भर जाते वनानी के निहत तरु, गुल्म से,
छिन्न फूलों के दलों से, पक्षियों की देह से।

"पर शिराएँ जिस महीरुह की अतल में हैं गड़ी,
वह नहीं भयभीत होता क्रूर झंझावात से।
सीस पर बहता हुआ तूफ़ान जाता है चला,
नोचता कुछ पत्र या कुछ डालियों को तोड़ता।
किन्तु, इसके बाद जो कुछ शेष रह जाता, उसे,
(वन-विभव के क्षय, वनानी के करुण वैधव्य को)
देखता जीवित महीरुह शोक से, निर्वेद से,
क्लान्त पत्रों को झुकाये, स्तब्ध, मौनाकाश में,
सोचता, 'है भेजती हमको प्रकृति तूफ़ान क्यों?'

"पर, नहीं यह ज्ञात, उस जड़ वृक्ष को,
प्रकृति भी तो है अधीन विमर्ष के।
यह प्रभंजन शस्त्र है उसका नहीं;
किन्तु, है आवेगमय विस्फोट उसके प्राण का,
जो जमा होता प्रचंड निदाघ से,
फूटना जिसका सहज अनिवार्य है।

"यों ही, नरों में भी विकारों की शिखाएँ आग-सी
एक से मिल एक जलती हैं प्रचण्डावेग से,
तप्त होता क्षुद्र अन्तर्व्योम पहले व्यक्ति का,
और तब उठता धधक समुदाय का आकाश भी
क्षोभ से, दाहक घृणा से, गरल, ईर्ष्या, द्वेष से।

"भट्ठियाँ इस भाँति जब तैयार होती हैं, तभी
युद्ध का ज्वालामुखी है फूटता
राजनैतिक उलझनों के ब्याज से
या कि देशप्रेम का अवलम्ब ले।

"किन्तु, सबके मूल में रहता हलाहल है वही,
फैलता है जो घृणा से, स्वार्थमय विद्वेष से।

"युद्ध को पहचानते सब लोग हैं,
जानते हैं, युद्ध का परिणाम अन्तिम ध्वंस है!
सत्य ही तो, कोटि का वध पाँच के सुख के लिए!

"किन्तु, मत समझो कि इस कुरुक्षेत्र में
पाँच के सुख ही सदैव प्रधान थे;
युद्ध में मारे हुओं के सामने
पाँच के सुख-दुख नहीं उद्देश्य केवल मात्र थे!

"और भी थे भाव उनके हृदय में,
स्वार्थ के, नरता, कि जलते शौर्य के;
खींच कर जिसने उन्हें आगे किया,
हेतु उस आवेश का था और भी।

"युद्ध का उन्माद संक्रमणशील है,
एक चिनगारी कहीं जागी अगर,
तुरत बह उठते पवन उनचास हैं,
दौड़ती, हँसती, उबलती आग चारों ओर से।

"और तब रहता कहाँ अवकाश है
तत्त्वचिन्तन का, गंभीर विचार का?
युद्ध की लपटें चुनौती भेजतीं
प्राणमय नर में छिपे शार्दूल को।

"युद्ध की ललकार सुन प्रतिशोध से
दीप्त हो अभिमान उठता बोल है;
चाहता नस तोड़कर बहना लहू,
आ स्वयं तलवार जाती हाथ में।

''रुग्ण होना चाहता कोई नहीं,
रोग लेकिन आ गया जब पास हो,
तिक्त ओषधि के सिवा उपचार क्या?
शमित होगा वह नहीं मिष्टान्न से।

''है मृषा तेरे हृदय की जल्पना,
युद्ध करना पुण्य या दुष्पाप है;
क्योंकि कोई कर्म है ऐसा नहीं,
जो स्वयं ही पुण्य हो या पाप हो।

''सत्य ही भगवान ने उस दिन कहा,
'मुख्य है कर्त्ता-हृदय की भावना,
मुख्य है यह भाव, जीवन-युद्ध में
भिन्न हम कितना रहे निज कर्म से।'

''औ' समर तो और भी अपवाद है,
चाहता कोई नहीं इसको, मगर,
जूझना पड़ता सभी को, शत्रु जब
आ गया हो द्वार पर ललकारता।

''है बहुत देखा-सुना मैंने मगर,
भेद खुल पाया न धर्माधर्म का,
आज तक ऐसा कि रेखा खींच कर
बाँट दूँ मैं पुण्य को औ' पाप को।

''जानता हूँ किन्तु, जीने के लिए
चाहिए अंगार-जैसी वीरता,
पाप हो सकता नहीं वह युद्ध है,
जो खड़ा होता ज्वलित प्रतिशोध पर।

''छीनता हो स्वत्व कोई, और तू
त्याग-तप से काम ले यह पाप है।
पुण्य है विच्छिन्न कर देना उसे
बढ़ रहा तेरी तरफ़ जो हाथ हो।

"बद्ध, विदलित और साधनहीन को
है उचित अवलम्ब अपनी आह का;
गिड़गिड़ाकर किन्तु, माँगे भीख क्यों
वह पुरुष, जिसकी भुजा में शक्ति हो?

"युद्ध को तुम निन्द्य कहते हो, मगर,
जब तलक हैं उठ रहीं चिनगारियाँ
भिन्न स्वार्थों के कुलिश-संघर्ष की,
युद्ध तब तक विश्व में अनिवार्य है।

"और जो अनिवार्य है, उसके लिए
खिन्न या परितप्त होना व्यर्थ है।
तू नहीं लड़ता, न लड़ता, आग यह
फूटती निश्चय किसी भी ब्याज से।

"पाण्डवों के भिक्षु होने से कभी
रुक न सकता था सहज विस्फोट यह।
ध्वंस से सिर मारने को थे तुले
ग्रह-उपग्रह क्रुद्ध चारों ओर के।

"धर्म का है एक और रहस्य भी,
अब छिपाऊँ क्यों भविष्यत् से उसे?
दो दिनों तक मैं मरण के भाल पर
हूँ खड़ा, पर जा रहा हूँ विश्व से।

"व्यक्ति का है धर्म तप, करुणा, क्षमा,
व्यक्ति की शोभा विनय भी, त्याग भी,
किन्तु, उठता प्रश्न जब समुदाय का,
भूलना पड़ता हमें तप-त्याग को।

"जो अखिल कल्याणमय है व्यक्ति तेरे प्राण में,
कौरवों के नाश पर है रो रहा केवल वही।
किन्तु, उसके पास ही समुदायगत जो भाव हैं,
पूछ उनसे, क्या महाभारत नहीं अनिवार्य था?

"हारकर धन-धाम पाण्डव भिक्षु बन जब चल दिये,
पूछ, तब कैसा लगा यह कृत्य उस समुदाय को,
जो अनय का था विरोधी, पाण्डवों का मित्र था।

"और जब तूने उलझ कर व्यक्ति के सद्धर्म में
क्लीव-सा देखा किया लज्जा-हरण निज नारि का,
(द्रौपदी के साथ ही लज्जा हरी थी जा रही
उस बड़े समुदाय की, जो पाण्डवों के साथ था)
और तूने कुछ नहीं उपचार था उस दिन किया;
सो बता क्या पुण्य था? या पुण्यमय था क्रोध वह,
जल उठा था आग-सा जो लोचनों में भीम के?

"कायरों-सी बात कर मुझको जला मत; आज तक
है रहा आदर्श मेरा वीरता, बलिदान ही;
जाति मन्दिर में जलाकर शूरता की आरती,
जा रहा हूँ विश्व से चढ़ युद्ध के ही यान पर।

"त्याग, तप, भिक्षा? बहुत हूँ जानता मैं भी, मगर,
त्याग, तप, भिक्षा, विरागी योगियों के धर्म हैं;
याकि उसकी नीति, जिसके हाथ में शायक नहीं;
या मृषा पाषण्ड यह उस कापुरुष बलहीन का,
जो सदा भयभीत रहता युद्ध से यह सोचकर
ग्लानिमय जीवन बहुत अच्छा, मरण अच्छा नहीं

"त्याग, तप, करुणा, क्षमा से भीग कर,
व्यक्ति का मन तो बली होता, मगर,
हिंस्र पशु जब घेर लेते हैं उसे,
काम आता है बलिष्ठ शरीर ही।

"और तू कहता मनोबल है जिसे,
शस्त्र हो सकता नहीं वह देह का;
क्षेत्र उसका वह मनोमय भूमि है,
नर जहाँ लड़ता ज्वलन्त विकार से।

"कौन केवल आत्मबल से जूझ कर
जीत सकता देह का संग्राम है?
पाशविकता खड्ग जब लेती उठा,
आत्मबल का एक बस चलता नहीं।

"जो निरामय शक्ति है तप, त्याग में,
व्यक्ति का ही मन उसे है मानता;
योगियों की शक्ति से संसार में,
हारता लेकिन, नहीं समुदाय है।

"कानन में देख अस्थि-पुंज मुनिपुंगवों का
दैत्य-वध का था किया प्रण जब राम ने;
'मतिभ्रष्ट मानवों के शोध का उपाय एक
शस्त्र ही है?' पूछा था कोमलमना वाम ने।
'नहीं प्रिये, सुधर मनुष्य सकता है तप,
त्याग से भी,' उत्तर दिया था घनश्याम ने,
'तप का परन्तु, वश चलता नहीं सदैव
पतित समूह की कुवृत्तियों के सामने।'"

तृतीय सर्ग

समर निंद्य है धर्मराज, पर,
कहो, शान्ति वह क्या है,
जो अनीति पर स्थित होकर भी
बनी हुई सरला है?

सुख-समृद्धि का विपुल कोष
संचित कर कल, बल, छल से,
किसी क्षुधित का ग्रास छीन,
धन लूट किसी निर्बल से।

सब समेट, प्रहरी बिठला कर
कहती कुछ मत बोलो,
शान्ति-सुधा बह रही, न इसमें
गरल क्रान्ति का घोलो।

हिलो-डुलो मत, हृदय-रक्त
अपना मुझको पीने दो,
अचल रहे साम्राज्य शान्ति का,
जियो और जीने दो।

सच है, सत्ता सिमट-सिमट
जिनके हाथों में आयी,
शान्तिभक्त वे साधु पुरुष
क्यों चाहें कभी लड़ाई?

सुख का सम्यक्-रूप विभाजन
जहाँ नीति से, नय से
संभव नहीं; अशान्ति दबी हो
जहाँ खड्ग के भय से,

जहाँ पालते हों अनीति-पद्धति
को सत्ताधारी,
जहाँ सूत्रधर हों समाज के
अन्यायी, अविचारी;
नीतियुक्त प्रस्ताव सन्धि के
जहाँ न आदर पायें;
जहाँ सत्य कहनेवालों के
सीस उतारे जायें;

जहाँ खड्ग-बल एकमात्र
आधार बने शासन का;
दबे क्रोध से भभक रहा हो
हृदय जहाँ जन-जन का;
सहते-सहते अनय जहाँ
मर रहा मनुज का मन हो;
समझ कापुरुष अपने को
धिक्कार रहा जन-जन हो;

अहंकार के साथ घृणा का
जहाँ द्वन्द्व हो जारी;
ऊपर शान्ति, तलातल में
हो छिटक रही चिनगारी;
आगामी विस्फोट काल के
मुख पर दमक रहा हो;
इंगित में अंगार विवश
भावों के चमक रहा हो;

पढ़कर भी संकेत सजग हों
किन्तु, न सत्ताधारी;
दुर्मति और अनल में दें
आहुतियाँ बारी-बारी;

कभी नये शोषण से, कभी
उपेक्षा, कभी दमन से,
अपमानों से कभी, कभी
शर-वेधक व्यंग्य-वचन से।

दबे हुए आवेग वहाँ यदि
उबल किसी दिन फूटें,
संयम छोड़, काल बन मानव
अन्यायी पर टूटें;

कहो, कौन दायी होगा
उस दारुण जगद्दहन का
अहंकार या घृणा? कौन
दोषी होगा उस रण का?

तुम विषण्ण हो समझ
हुआ जगदाह तुम्हारे कर से।
सोचो तो, क्या अग्नि समर की
बरसी थी अम्बर से?

अथवा अकस्मात् मिट्टी से
फूटी थी यह ज्वाला?
या मंत्रों के बल से जनमी
थी यह शिखा कराला?

कुरुक्षेत्र के पूर्व नहीं क्या
समर लगा था चलने?
प्रतिहिंसा का दीप भयानक
हृदय-हृदय में बलने?

शान्ति खोलकर खड्ग क्रान्ति का
जब वर्जन करती है,
तभी जान लो, किसी समर का
वह सर्जन करती है।

शान्ति नहीं तब तक, जब तक
सुख-भाग न नर का सम हो,
नहीं किसी को बहुत अधिक हो,
नहीं किसी को कम हो।

ऐसी शान्ति राज्य करती है
तन पर नहीं, हृदय पर,
नर के ऊँचे विश्वासों पर,
श्रद्धा, भक्ति, प्रणय पर।

न्याय शान्ति का प्रथम न्यास है,
जब तक न्याय न आता,
जैसा भी हो, महल शान्ति का
सुदृढ़ नहीं रह पाता।

कृत्रिम शान्ति सशंक आप
अपने से ही डरती है,
खड्ग छोड़ विश्वास किसी का
कभी नहीं करती है।

और जिन्हें इस शान्ति-व्यवस्था
में सुख-भोग सुलभ है,
उनके लिए शान्ति ही जीवन-
सार, सिद्धि दुर्लभ है।

पर, जिनकी अस्थियाँ चबाकर,
शोणित पीकर तन का,
जीती है यह शान्ति, दाह
समझो कुछ उनके मन का।

स्वत्व माँगने से न मिले,
संघात पाप हो जायें,
बोलो धर्मराज, शोषित वे
जियें या कि मिट जायें?

न्यायोचित अधिकार माँगने
से न मिलें, तो लड़ के,
तेजस्वी छीनते समर को
जीत, या कि खुद मरके।

किसने कहा, पाप है समुचित
स्वत्व-प्राप्ति-हित लड़ना?
उठा न्याय का खड्ग समर में
अभय मारना-मरना?

क्षमा, दया, तप, तेज, मनोबल
की दे वृथा दुहाई,
धर्मराज, व्यंजित करते तुम
मानव की कदराई?

हिंसा का आघात तपस्या ने
कब, कहाँ सहा है?
देवों का दल सदा दानवों
से हारता रहा है।

मन:शक्ति प्यारी थी तुमको
यदि पौरुष ज्वलन से,
लोभ किया क्यों भरत-राज्य का?
फिर आये क्यों वन से?

पिया भीम ने विष, लाक्षागृह
जला, हुए वनवासी,
केशकर्षिता प्रिया सभा-सम्मुख
कहलायी दासी

क्षमा, दया, तप, त्याग, मनोबल,
सबका लिया सहारा;
पर नर-व्याघ्र सुयोधन तुमसे
कहो, कहाँ कब हारा?

क्षमाशील हो रिपु-समक्ष
तुम हुए विनत जितना ही,
दुष्ट कौरवों ने तुमको
कायर समझा उतना ही।

अत्याचार सहन करने का
कुफल यही होता है,
पौरुष का आतंक मनुज
कोमल होकर खोता है।

क्षमा शोभती उस भुजंग को,
जिसके पास गरल हो।
उसको क्या, जो दन्तहीन,
विषरहित, विनीत, सरल हो?

तीन दिवस तक पन्थ माँगते
रघुपति सिन्धु-किनारे,
बैठे पढ़ते रहे छन्द
अनुनय के प्यारे-प्यारे।

उत्तर में जब एक नाद भी
उठा नहीं सागर से,
उठी अधीर धधक पौरुष की
आग राम के शर से।

सिन्धु देह धर 'त्राहि-त्राहि'
करता आ गिरा शरण में,
चरण पूज, दासता ग्रहण की,
बँधा मूढ़ बन्धन में।

सच पूछो, तो शर में ही
बसती है दीप्ति विनय की,
सन्धि-वचन संपूज्य उसी का
जिसमें शक्ति विजय की।

सहनशीलता, क्षमा, दया को
तभी पूजता जग है,
बल का दर्प चमकता उसके
पीछे जब जगमग है।

जहाँ नहीं सामर्थ्य शोध की,
क्षमा वहाँ निष्फल है।
गरल-घूँट पी जाने का
मिस है, वाणी का छल है।

फलक क्षमा का ओढ़ छिपाते
जो अपनी कायरता,
वे क्या जानें ज्वलित-प्राण
नर की पौरुष-निर्भरता?

वे क्या जानें नर में वह क्या
असहनशील अनल है,
जो लगते ही स्पर्श हृदय से
सिर तक उठता बल है?

जिनकी भुजाओं की शिराएँ फड़कीं ही नहीं,
जिनके लहू में नहीं वेग है अनल का;
शिव का पदोदक ही पेय जिनका है रहा,
चक्खा ही जिन्होंने नहीं स्वाद हलाहल का;
जिनके हृदय में कभी आग सुलगी ही नहीं,
ठेस लगते ही अहंकार नहीं छलका;
जिनको सहारा नहीं भुज के प्रताप का है,
बैठते भरोसा किये वे ही आत्मबल का।

उसकी सहिष्णुता, क्षमा का है महत्त्व ही क्या,
करना ही आता नहीं जिसको प्रहार है?
करुणा, क्षमा को छोड़ और क्या उपाय उसे
ले न सकता जो बैरियों से प्रतिकार है?

सहता प्रहार कोई विवश, कदर्य जीव
जिसकी नसों में नहीं पौरुष की धार है;
करुणा, क्षमा हैं क्लीब जाति के कलंक घोर,
क्षमता क्षमा की शूरवीरों का सिंगार है।
प्रतिशोध से हैं होती शौर्य की शिखाएँ दीप्त,
प्रतिशोध-हीनता नरों में महापाप है।
छोड़ प्रतिवैर पीते मूक अपमान वे ही,
जिनमें न शेष शूरता का वह्नि-ताप है।
चोट खा सहिष्णु व' रहेगा किस भाँति, तीर
जिसके निषंग में, करों में दृढ़ चाप है?
जेता के विभूषण सहिष्णुता-क्षमा हैं, किन्तु
हारी हुई जाति की सहिष्णुताऽभिशाप है।
सटता कहीं भी एक तृण जो शरीर से तो,
उठता कराल हो फणीश फुफकार है;
सुनता गजेन्द्र की चिंघार जो वनों में कहीं,
भरता गुहा में ही मृगेन्द्र हुहुंकार है;
शूल चुभते हैं, छूते आग हैं जलाती; भू को
लीलने की देखो, गर्जमान पारावार है;
जग में प्रदीप्त है इसी का तेज, प्रतिशोध
जड़-चेतनों का जन्मसिद्ध अधिकार है।
सेना साज हीन है परस्व हरने की वृत्ति,
लोभ की लड़ाई क्षात्र धर्म के विरुद्ध है।
वासना-विषय से नहीं पुण्य उद्‌भूत होता,
वाणिज के हाथ की कृपाण ही अशुद्ध है।
चोट खा परन्तु, जब सिंह उठता है जाग,
उठता कराल प्रतिशोध हो प्रबुद्ध है;
पुण्य खिलता है चन्द्रहास की विभा में तब,
पौरुष की जागृति कहाती धर्म-युद्ध है।
धर्म है हुताशन का धधक उठे तुरन्त,
कोई क्यों प्रचण्ड-वेग वायु को बुलाता है?

फूटेंगे कराल कण्ठ ज्वालामुखियों के ध्रुव,
आनन पर बैठ विश्व धूम क्यों मचाता है?
फूँक से जलायेगा अवश्य जगती को व्याल,
कोई क्यों खरोंच मार उसको जगाता है?
विद्युत् खगोल से अवश्य ही गिरेगी, कोई
दीप्त अभिमान को क्यों ठोकर लगाता है?
युद्ध को बुलाता है अनीति-ध्वजधारी या कि
वह जो अनीति-भाल पै दे पाँव चलता?
वह जो दबा है शोषणों के भीम शैल से या
वह जो खड़ा है मग्न हँसता-मचलता?
वह जो बना के शान्ति-व्यूह सुख लूटता या
वह जो अशान्त हो क्षुधानल से जलता?
कौन है बुलाता युद्ध? जाल जो बनाता?
या जो जाल तोड़ने को क्रुद्ध काल-सा निकलता?
पातकी न होता है प्रबुद्ध दलितों का खड्ग,
पातकी बताना उसे दर्शन की भ्रान्ति है।
शोषण की शृंखला के हेतु बनती जो शान्ति,
युद्ध है, यथार्थ में वो भीषण अशान्ति है;
सहना उसे मौन हार मनुजत्व की है,
ईश की अवज्ञा घोर, पौरुष की श्रान्ति है;
पातक मनुष्य का है, मरण मनुष्यता का,
ऐसी शृंखला में धर्म विप्लव है, क्रान्ति है।

भूल रहे हो धर्मराज, तुम,
अभी हिंस्र भूतल है,
खड़ा चतुर्दिक् अहंकार है,.
खड़ा चतुर्दिक् छल है।
मैं भी हूँ सोचता, जगत से
कैसे उठे जिघांसा,
किस प्रकार फैले पृथ्वी पर
करुणा, प्रेम, अहिंसा।

जियें मनुज किस भाँति परस्पर
हो कर भाई-भाई,
कैसे रुके प्रदाह क्रोध का,
कैसे रुके लड़ाई।

पृथ्वी हो साम्राज्य स्नेह का,
जीवन स्निग्ध, सरल हो,
मनुज-प्रकृति से विदा सदा को
दाहक द्वेष-गरल हो।

बहे प्रेम की धार, मनुज को
वह अनवरत भिगोये,
एक दूसरे के उर में नर
बीज प्रेम के बोये।

किन्तु, हाय, आधे पथ तक ही
पहुँच सका यह जग है,
अभी शान्ति का स्वप्न दूर
नभ में करता जगमग है।

भूले-भटके ही पृथ्वी पर
वह आदर्श उतरता,
किसी युधिष्ठिर के प्राणों में
ही स्वरूप है धरता।

किन्तु, द्वेष के शिला-दुर्ग से
बार-बार टकरा के,
रुद्ध मनुज के मनोदेश के
लौह-द्वार को पा के;
घृणा, कलह, विद्वेष, विविध
तापों से आकुल हो कर,
हो जाता उड्डीन एक-दो
का ही हृदय भिगो कर।

क्योंकि युधिष्ठिर एक, सुयोधन
अगणित अभी यहाँ हैं,
बढ़े शान्ति की लता हाय,
वे पोषक द्रव्य कहाँ हैं?

शान्ति-बीन तब तक बजती है
नहीं सुनिश्चित सुर में,
स्वर की शुद्ध प्रतिध्वनि जब तक
उठे नहीं उर-उर में।

यह न बाह्य उपकरण, भार बन
जो आवे ऊपर से,
आत्मा की यह ज्योति, फूटती
सदा विमल अन्तर से।

शान्ति नाम उस रुचित सरणि का,
जिसे प्रेम पहचाने,
खड्ग-भीत तन ही न,
मनुज का मन भी जिसको माने।

शिवा-शान्ति की मूर्ति नहीं
बनती कुलाल के गृह में;
सदा जन्म लेती वह नर के
मन:प्रान्त निस्पृह में।

गरल-द्रोह-विस्फोट-हेतु का
करके सफल निवारण,
मनुज-प्रकृति ही करती शीतल
रूप शान्ति का धारण।

जब होती अवतीर्ण शान्ति यह,
भय न शेष रह जाता,
शंका-तिमिर-ग्रस्त फिर कोई
नहीं देश रह जाता।

शान्ति! सुशीतल शान्ति! कहाँ
वह समता देनेवाली?
देखो, आज विषमता की ही
वह करती रखवाली।

आनन सरल, वचन मधुमय है,
तन पर शुभ्र वसन है,
बचो युधिष्ठिर! इस नागिन का
विष से भरा दशन है।

यह रखती परिपूर्ण नृपों से
जरासन्ध की कारा,
शोणित कभी, कभी पीती है
तप्त अश्रु की धारा।

कुरुक्षेत्र में जली चिता जिसकी,
वह शान्ति नहीं थी;
अर्जुन की धन्वा चढ़ बोली,
वह दुष्क्रान्ति नहीं थी।

थी परस्व-ग्रासिनी भुजंगिनि,
वह जो जली समर में,
असहनशील शौर्य था, जो
बल उठा पार्थ के शर में।

नहीं हुआ स्वीकार शान्ति को
जीना जब कुछ देकर,
टूटा पुरुष काल-सा उस पर
प्राण हाथ में लेकर।

पापी कौन? मनुज से उसका
न्याय चुराने वाला?
याकि न्याय खोजते विघ्न का
सीस उड़ाने वाला?

चतुर्थ सर्ग

ब्रह्मचर्य के व्रती, धर्म के
महास्तम्भ, बल के आगार,
परम विरागी पुरुष, जिन्हें
पाकर भी पा न सका संसार।
किया विसर्जित मुकुट धर्म-हित
और स्नेह के कारण प्राण;
पुरुष विक्रमी कौन दूसरा
हुआ जगत में भीष्म-समान?

शरों की नोक पर लेटे हुए गजराज-जैसे,
थके, टूटे, गरुड़-से, स्रस्त पन्नगराज-जैसे,
मरण पर वीर-जीवन का अगम बल-भार डाले
दबाये काल को, सायास संज्ञा को सँभाले,

पितामह कह रहे कौन्तेय से रण की कथा हैं,
विचारों की लड़ी में गूँथते जाते व्यथा हैं।
हृदय-सागर मथित होकर कभी जब डोलता है,
छिपी निज वेदना गंभीर नर भी बोलता है।

''चुराता न्याय जो, रण को बुलाता भी वही है,
युधिष्ठिर! स्वत्व की अन्वेषणा पातक नहीं है।
नरक उनके लिए, जो पाप को स्वीकारते हैं;
न उनके हेतु जो रण में उसे ललकारते हैं।

''सहज ही चाहता कोई नहीं लड़ना किसी से;
किसी को मारना अथवा स्वयं मरना किसी से;
नहीं दुःशान्ति को भी तोड़ना नर चाहता है,
जहाँ तक हो सके, निज शान्ति-प्रेम निबाहता है।

''मगर, यह शान्तिप्रियता रोकती केवल मनुज को,
नहीं वह रोक पाती है दुराचारी दनुज को।
दनुज क्या शिष्ट मानव को कभी पहचानता है?
विनय को नीति कायर की सदा वह मानता है।

''समय ज्यों बीतता, त्यों-त्यों अवस्था घोर होती,
अनय की शृंखला बढ़कर कराल, कठोर होती।
किसी दिन तब, महाविस्फोट कोई फूटता है,
मनुज ले जान हाथों में दनुज पर टूटता है।

''न समझो किन्तु, इस विध्वंस के होते प्रणेता
समर के अग्रणी दो ही, पराजित और जेता।
नहीं जलता निखिल संसार दो की आग से है,
अवस्थित ज्यों न जग दो-चार ही के भाग से है।

''युधिष्ठिर! क्या हुताशन-शैल सहसा फूटता है?
कभी क्या वज्र निर्धन व्योम से भी छूटता है?
अनलगिरि फूटता, जब ताप होता है अवनि में,
कड़कती दामिनी विकराल धूमाकुल गगन में।

''महाभारत नहीं था द्वन्द्व केवल दो घरों का,
अनल का पुंज था इसमें भरा अगणित नरों का।
न केवल यह कुफल कुरुवंश के संघर्ष का था,
विकट विस्फोट यह सम्पूर्ण भारतवर्ष का था।

''युगों से विश्व में विष-वायु बहती आ रही थी,
धरित्री मौन हो, दावाग्नि सहती आ रही थी;
परस्पर वैर-शोधन के लिए तैयार थे सब,
समर का खोजते कोई बड़ा आधार थे सब।

''कहीं था जल रहा कोई किसी की शूरता से।
कहीं था क्षोभ में कोई किसी की क्रूरता से।
कहीं उत्कर्ष ही नृप का नृपों को सालता था।
कहीं प्रतिशोध का कोई भुजंगम पालता था।

"निभाना पार्थ-वध का चाहता राधेय था प्रण।
द्रुपद था चाहता गुरु द्रोण से निज वैर-शोधन।
शकुनि को चाह थी, कैसे चुकाये ऋण पिता का,
मिला दे धूल में किस भाँति कुरु-कुल की पताका।

"सुयोधन पर न उसका प्रेम था, वह घोर छल था।
हितू बन कर उसे रखना ज्वलित केवल अनल था।
जहाँ भी आग थी जैसी, सुलगती जा रही थी,
समर में फूट पड़ने के लिए अकुला रही थी।

"सुधारों से स्वयं भगवान के जो-जो चिढ़े थे,
नृपति वे क्रुद्ध होकर एक दल में जा मिले थे।
नहीं शिशुपाल के वध से मिटा था मान उनका।
दुबक कर था रहा धुँधुँआ द्विगुण अभिमान उनका।

"परस्पर की कलह से, वैर से, होकर विभाजित,
कभी से दो दलों में हो रहे थे लोग सज्जित।
खड़े थे वे हृदय में प्रज्वलित अंगार लेकर,
धनुर्ज्या को चढ़ाकर, म्यान में तलवार लेकर।

"था रह गया हलाहल का यदि
कोई रूप अधूरा,
किया युधिष्ठिर, उसे तुम्हारे
राजसूय ने पूरा।

"इच्छा नर की और, और फल
देती उसे नियति है,
फलता विष पीयूष-वृक्ष में,
अकथ प्रकृति की गति है।

"तुम्हें बना सम्राट् देश का
राजसूय के द्वारा,
केशव ने था ऐक्य-सृजन का
उचित उपाय विचारा।

"सो, परिणाम और कुछ निकला,
भड़की आग भुवन में,
द्वेष अंकुरित हुआ पराजित
राजाओं के मन में।

"समझ न पाये वे केशव के
सदुद्देश्य निश्छल को।
देखा मात्र उन्होंने बढ़ते
इन्द्रप्रस्थ के बल को।

"पूजनीय को पूज्य मानने
में जो बाधा-क्रम है,
वही मनुज का अहंकार है,
वही मनुज का भ्रम है।

"इन्द्रप्रस्थ का मुकुट-छत्र
भारत भर का भूषण था;
उसे नमन करने में लगता
किसे, कौन दूषण था?

"तो भी ग्लानि हुई बहुतों को
इस अकलंक नमन से,
भ्रमित बुद्धि ने की इसकी
समता अभिमान-दलन से।

"इस पूजन में पड़ी दिखायी
उन्हें विवशता अपनी,
पर के विभव, प्रताप, समुन्नति
में परवशता अपनी।

"राजसूय का यज्ञ लगा
उनको रण के कौशल-सा,
निज विस्तार चाहने-वाले
चतुर भूप के छल-सा।

"धर्मराज! कोई न चाहता
अहंकार निज खोना,
किसी उच्च सत्ता के सम्मुख
सन्मन से नत होना।

"सभी तुम्हारे ध्वज के नीचे
आये थे न प्रणय से,
कुछ आये थे भक्ति-भाव से,
कुछ कृपाण के भय से।

"मगर, भाव जो भी हों, सबके
एक बात थी मन में।
रह सकता अक्षुण्ण मुकुट का
मान न इस वन्दन में।

"लगा उन्हें, सिर पर सबके
दासत्व चढ़ा जाता है,
राजसूय में से कोई
साम्राज्य बढ़ा आता है।

"किया यज्ञ ने मान विमर्दित
अगणित भूपालों का,
अमित दिग्गजों का, शूरों का,
बल-वैभव वालों का।

"सच है, सत्कृत किया अतिथि
भूपों को तुमने मन से,
अनुनय, विनय, शील, समता से
मंजुल, मिष्ट वचन से।

"पर, स्वतन्त्रता-मणि का इनसे
मोल न चुक सकता है,
मन में सतत् दहकने वाला
भाव न रुक सकता है।

"कोई मन्द, मूढ़मति नृप ही
होता तुष्ट वचन से,
विजयी की शिष्टता-विनय से,
अरि के आलिंगन से।

"चतुर भूप तन से मिल करते
शमित शत्रु के भय को,
किन्तु, नहीं पड़ने देते
अरि-कर में कभी हृदय को।

"हुए न प्रशमित भूप
प्रणय-उपहार यज्ञ में देकर,
लौटे इन्द्रप्रस्थ से वे
कुछ भाव और ही लेकर।

"धर्मराज, है याद व्यास का
वह गंभीर वचन क्या?
ऋषि का वह यज्ञान्त-काल का
विकट भविष्य-कथन क्या?

"जुटा जा रहा कुटिल ग्रहों का
दुष्ट योग अम्बर में,
स्यात्, जगत् पड़ने वाला है
किसी महासंगर में।

"तेरह वर्ष रहेगी जग में
शान्ति किसी विध छाई।
तब होगा विस्फोट, छिड़ेगी
कोई कठिन लड़ाई।

"होगा ध्वंस कराल, काल
विप्लव का खेल रचेगा,
प्रलय प्रकट होगा धरणी पर,
हा-हा-कार मचेगा।

"यह था वचन सिद्ध द्रष्टा का,
नहीं निरी अटकल थी,
व्यास जानते थे, वसुधा
जा रही किधर पल-पल थी।

"सब थे सुखी यज्ञ से, केवल
मुनि का हृदय विकल था,
वही जानते थे कि कुण्ड से
निकला कौन अनल था।

"भरी सभा के बीच उन्होंने
सजग किया था सबको,
पग-पग पर संयम का शुभ
उपदेश किया था सबको।

"किन्तु, अहम्मय, राग-दीप्त नर
कब संयम करता है?
कल आनेवाली विपत्ति से
आज कहाँ डरता है?

"बीत न पाया वर्ष, काल का
गर्जन पड़ा सुनाई,
इन्द्रप्रस्थ पर घुमड़ विपद की
घटा अतर्कित छाई।

"किसे ज्ञात था, खेल-खेल में
यह विनाश छायेगा?
भारत का दुर्भाग्य द्यूत पर
चढ़ा हुआ आयेगा?

"कौन जानता था कि सुयोधन
की धृति यों छूटेगी?
राजसूय के हवन-कुण्ड से
विकट वह्नि फूटेगी?

"तो भी है सच, धर्मराज!
यह ज्वाला नयी नहीं थी;
दुर्योधन के मन में वह
वर्षों से खेल रही थी।

"बिंधा चित्र-खग रंग-भूमि में
जिस दिन अर्जुन-शर से,
उसी दिवस जनमी दुरग्नि
दुर्योधन के अन्तर से।

"बनी हलाहल वही वंश का,
लपटें लाख-भवन की,
द्यूत-कपट शकुनी का, वन-
यातना पाण्डु-नन्दन की।

"भरी सभा में लाज द्रौपदी
की न गयी थी लूटी,
वह तो यही कराल आग
थी निर्भय होकर फूटी।

"ज्यों-ज्यों साड़ी विवश द्रौपदी
की खिंचती जाती थी,
त्यों-त्यों वह आवृत,
दुरग्नि यह नग्न हुई जाती थी।

"उसके कर्षित केश-जाल में
केश खुले थे इसके,
पुंजीभूत वसन उसका था,
वेश खुले थे इसके।

"दुरवस्था में घेर खड़ा था
उसे तपोबल उसका,
एक दीप्त आलोक बन गया
था चीराञ्चल उसका।

''पर, दुर्योधन की दुरग्नि
नंगी हो नाच रही थी,
अपनी निर्लज्जता, देश का
पौरुष जाँच रही थी।

''किन्तु, न जाने, क्यों उस दिन
तुम हारे, मैं भी हारा,
जानें, क्यों फूटी न भुजा को
फोड़ रक्त की धारा।

''नर की कीर्ति-ध्वजा उस दिन
कट गयी देश में जड़ से,
नारी ने सुर को टेरा
जिस दिन निराश हो नर से।

''महासमर आरम्भ देश में
होना था उस दिन ही,
उठा खड्ग यह पंक रुधिर से
धोना था उस दिन ही।

''निर्दोषा, कुलवधू, एकवस्त्रा
को खींच महल से,
दासी बना सभा में लायें
दुष्ट द्यूत के छल से।

''और सभी के सम्मुख
लज्जा-वसन अभय हो खोलें,
बुद्धि-विषण्ण वीर भारत के
किन्तु, नहीं कुछ बोलें।

''समझ सकेगा कौन धर्म की
यह नव रीति निराली?
थूकेंगी हम पर अवश्य
सन्ततियाँ आनेवाली।

''उस दिन की स्मृति से छाती
अब भी जलने लगती है,
भीतर कहीं छुरी कोई
हृत् पर चलने लगती है।

''धिक्‌धिक् मुझे; हुई उत्पीड़ित
सम्मुख राज-वधूटी,
आँखों के आगे अबला की
लाज खलों ने लूटी।

''और रहा जीवित मैं, धरणी
फटी न दिग्गज डोला,
गिरा न कोई वज्र, न अम्बर
गरज क्रोध में बोला।

''जिया प्रज्वलित अंगारे-सा
मैं आजीवन जग में,
रुधिर नहीं था, आग पिघल कर
बहती थी रग-रग में।

''यह जन कभी किसी का अनुचित
दर्प न सह सकता था,
कहीं देख अन्याय किसी का
मौन न रह सकता था।

''सो, कलंक वह लगा, नहीं
धुल सकता जो धोने से,
भीतर ही भीतर जलने
या कण्ठ फाड़ रोने से।

''अपने वीर-चरित पर तो मैं
प्रश्न लिये जाता हूँ।
धर्मराज! पर, तुम्हें एक
उपदेश दिये जाता हूँ।

"शूरधर्म है अभय दहकते
अंगारों पर चलना,
शूरधर्म है शाणित असि पर
धर कर चरण मचलना।
"शूरधर्म कहते हैं छाती तान
तीर खाने को,
शूरधर्म कहते हँस कर
हलाहल पी जाने को।
"आग हथेली पर सुलगा कर
सिर का हविष् चढ़ाना,
शूरधर्म है जग को अनुपम
बलि का पाठ पढ़ाना।
"सबसे बड़ा धर्म है नर का
सदा प्रज्वलित रहना,
दाहक शक्ति समेट स्पर्श भी
नहीं किसी का सहना।
"बुझा बुद्धि का दीप वीरवर
आँख मूँद चलते हैं,
उछल वेदिका पर चढ़ जाते
और स्वयं बलते हैं।
"बात पूछने को विवेक से
जभी वीरता जाती,
पी जाती अपमान पतित हो,
अपना तेज गँवाती।
"सच है, बुद्धि-कलश में जल है,
शीतल सुधा तरल है,
पर, भूलो मत, कुसमय में
हो जाता वही गरल है।

''सदा नहीं मानापमान की
बुद्धि उचित सुधि लेती,
करती बहुत विचार, अग्नि की
शिखा बुझा है देती।

''उसने ही दी बुझा तुम्हारे
पौरुष की चिनगारी,
जली न आँख देखकर खिंचती
द्रुपद-सुता की साड़ी।

''बाँध उसी ने मुझे द्विधा से
बना दिया कायर था,
जगूँ-जगूँ जब तक, तब तक तो
निकल चुका अवसर था।

''यौवन चलता सदा गर्व से
सिर ताने, शर खींचे,
झुकने लगता किन्तु क्षीणबल
वय विवेक के नीचे।

''यौवन के उच्छल प्रवाह को
देख मौन, मन मारे,
सहमी हुई बुद्धि रहती है
निश्चल खड़ी किनारे।

''डरती है, बह जाय नहीं
तिनके-सी इस धारा में,
प्लावन-भीत स्वयं छिपती
फिरती अपनी कारा में।

''हिम-विमुक्त, निर्विघ्न, तपस्या
पर खिलता यौवन है,
नयी दीप्ति, नूतन सौरभ से
रहता भरा भुवन है।

किन्तु, बुद्धि नित खड़ी ताक में
रहती घात लगाये,
कब जीवन का ज्वार शिथिल हो,
कब वह उसे दबाये।

"और सत्य ही, जभी रुधिर का
वेग तनिक कम होता,
सुस्ताने को कहीं ठहर
जाता जीवन का सोता।

"बुद्धि फेंकती तुरत जाल निज,
मानव फँस जाता है,
नयी-नयी उलझनें लिये
जीवन सम्मुख आता है।

"क्षमा या कि प्रतिकार, जगत में
क्या कर्त्तव्य मनुज का?
मरण या कि उच्छेद? उचित
उपचार कौन है रुज का?

"बल-विवेक में कौन श्रेष्ठ है,
असि वरेण्य या अनुनय?
पूजनीय रुधिराक्त विजय,
या करुणा-धौत पराजय?

"दो में कौन पुनीत शिखा है?
आत्मा की या मन की?
शमित-तेज वय की मति शिव,
या गति उच्छल यौवन की?

"जीवन की है श्रान्ति घोर, हम
जिसको वय कहते हैं,
थके सिंह आदर्श ढूँढ़ते,
व्यंग्य-बाण सहते हैं।

"वय हो बुद्धि-अधीन चक्र पर
विवश घूमता जाता,
भ्रम को रोक समय को उत्तर
तुरत नहीं दे पाता।

"तब तक तेज लूट पौरुष का
काल चला जाता है,
वय-जड़ मानव ग्लानि-मग्न हो
रोता - पछताता है।

"वय का फल भोगता रहा मैं
रुका सुयोधन-घर में,
रही वीरता पड़ी तड़पती
बन्द अस्थि-पंजर में।

"न तो कौरवों का हित साधा,
और न पाण्डव का ही,
द्वन्द्व-बीच उलझा कर रक्खा
वय ने मुझे सदा ही।

"धर्म, स्नेह, दोनों प्यारे थे,
बड़ा कठिन निर्णय था,
अतः, एक को देह, दूसरे-
को दे दिया हृदय था।

"किन्तु, फटी जब घटा, ज्योति
जीवन की पड़ी दिखायी,
सहसा सैकत-बीच स्नेह की
धार उमड़कर छायी।

"धर्म पराजित हुआ, स्नेह का
डंका बजा विजय का,
मिली देह भी उसे, दान था
जिसको मिला हृदय का।

"भीष्म न गिरा पार्थ के शर से,
गिरा भीष्म का वय था,
वय का तिमिर भेद वह मेरा
यौवन हुआ उदय था।

"हृदय प्रेम को चढ़ा, कर्म को
भुजा समर्पित करके,
मैं आया था कुरुक्षेत्र में
तोष हृदय में भरके।

"समझा था, मिट गया द्वन्द्व
पाकर यह न्याय-विभाजन,
ज्ञात न था, है कहीं कर्म से
कठिन स्नेह का बन्धन।

"दिखा धर्म की भीति, कर्म
मुझसे सेवा लेता था,
करने को बलि पूर्ण स्नेह
नीरव इंगित देता था।

"धर्मराज, संकट में कृत्रिम
पटल उघर जाता है,
मानव का सच्चा स्वरूप
खुलकर बाहर आता है।

"घमासान ज्यों बढ़ा, चमकने
धुँधली लगी कहानी,
उठी स्नेह-वन्दन करने को
मेरी दबी जवानी।

"फटा बुद्धि-भ्रम, हटा कर्म का
मिथ्या जाल नयन से,
प्रेम अधीर पुकार उठा
मेरे शरीर से, मन से-

''लो, अपना सर्वस्व पार्थ!
यह मुझको मार गिराओ,
अब है विरह असह्य, मुझे
तुम स्नेह-धाम पहुँचाओ।

''ब्रह्मचर्य के प्रण के दिन जो
रुद्ध हुई थी धारा,
कुरुक्षेत्र में फूट उसी ने
बनकर प्रेम पुकारा।

''बही न कोमल वायु, कुंज
मन का था कभी न डोला,
पत्तों की झुरमुट में छिप कर
बिहग न कोई बोला :

''चढ़ा किसी दिन फूल, किसी का
मान न मैं कर पाया,
एक बार भी अपने को था
दान न मैं कर पाया।

''वह अतृप्ति थी छिपी हृदय के
किसी निभृत कोने में,
जा बैठा था आँख बचा
जीवन चुपके दोने में।

''वही भाव आदर्श-वेदि पर
चढ़ा फुल्ल हो रण में,
बोल रहा है वही मधुर
पीड़ा बनकर व्रण-व्रण में।

''मैं था सदा सचेत, नियन्त्रण-
बन्ध प्राण पर बाँधे,
कोमलता की ओर शरासन
तान निशाना साधे।

''पर, न जानता था, भीतर
कोई माया चलती है,
भाव-गर्त के गहन वितल में
शिखा छन्न जलती है।

''वीर सुयोधन का सेनापति
बन लड़ने आया था;
कुरुक्षेत्र में नहीं स्नेह पर
मैं मरने आया था।

''सच है, पार्थ-धनुष पर मेरी
भक्ति बहुत गहरी थी,
सच है, उसे देख उठती
मन में प्रमोद-लहरी थी।

''सच है, था चाहता पाण्डवों
का हित मैं सन्मन से,
पर दुर्योधन के हाथों मैं
बिका हुआ था तन से।

''न्याय-व्यूह को भेद स्नेह ने
उठा लिया निज धन है
सिद्ध हुआ, मन जिसे मिला,
संपत्ति उसी की तन है।

''प्रकटी होती मधुर प्रेम की
मुझ पर कहीं अमरता,
स्यात् देश को कुरुक्षेत्र का
दिन न देखना पड़ता।

''धर्मराज, अपने कोमल
भावों की कर अवहेला।
लगता है, मैंने भी जग को
रण की ओर ढकेला।

"जीवन के अरुणाभ प्रहर में
कर कठोर व्रत धारण,
सदा स्निग्ध भावों का यह जन
करता रहा निवारण।

"न था मुझे विश्वास, कर्म से
स्नेह श्रेष्ठ, सुन्दर है,
कोमलता की लौ व्रत के
आलोकों से बढ़कर है।

"कर में चाप, पीठ पर तरकस,
नीति-ज्ञान था मन में,
इन्हें छोड़ मैंने देखा
कुछ और नहीं जीवन में।

"जहाँ कभी अन्तर में कोई
भाव अपरिचित जागे,
झुकना पड़ा उन्हें बरबस,
नय-नीति-ज्ञान के आगे।

"सदा सुयोधन के कृत्यों से
मेरा क्षुब्ध हृदय था,
पर, क्या करता, यहाँ सबल थी
नीति, प्रबलतम नय था!

"अनुशासन का स्वत्व सौंप कर
स्वयं नीति के कर में,
पराधीन सेवक बन बैठा
मैं अपने ही घर में,

"बुद्धि शासिका थी जीवन की,
अनुचर मात्र हृदय था,
मुझसे कुछ खुलकर कहने में
लगता उसको भय था।

"कह न सका वह कभी, भीष्म!
तुम कहाँ बहे जाते हो?
न्याय-दण्ड-धर होकर भी
अन्याय सहे जाते हो।
"प्यार पाण्डवों पर मन से,
कौरव की सेवा तन से;
सध पायेगा कौन काम
इस बिखरी हुई लगन से?
"बढ़ता हुआ वैर भीषण
पाण्डव से दुर्योधन का
मुझमें बिम्बित हुआ द्वन्द्व
बनकर शरीर से मन का।
"किन्तु, बुद्धि ने मुझे भ्रमित कर
दिया नहीं कुछ करने,
स्वत्व छीन अपने हाथों का
हृदय-वेदि पर धरने।
"कभी दिखाती रही वैर के
स्वयं-शमन का सपना,
कहती रही कभी, जग में
है कौन-पराया अपना।
"कभी कहा, तुम बढ़े, धीरता
बहुतों की छूटेगी,
होगा विप्लव घोर, व्यवस्था
की सरणी टूटेगी
"कभी वीरता को उभार
रोका अरण्य जाने से;
वंचित रखा विविध विध मुझको
इच्छित फल पाने से।
"आज सोचता हूँ, उसका यदि
कहा न माना होता,

स्नेह–सिद्ध शुचि रूप न्याय का
यदि पहचाना होता।
''धो पाता यदि राजनीति का
कलुष स्नेह के जल से,
दण्डनीति को कहीं मिला
पाता करुणा निर्मल से।
''लिख पायी सत्ता के उर पर
जीभ नहीं जो गाथा,
विशिख–लेखनी से लिखने मैं
उसे कहीं उठ पाता,
''कर पाता यदि मुक्त हृदय को
मस्तक के शासन से,
उतर पकड़ता बाँह दलित की
मंत्री के आसन से;
''राज–द्रोह की ध्वजा उठाकर
कहीं प्रचारा होता,
न्याय–पक्ष लेकर दुर्योधन
को ललकारा होता;
''स्यात् सुयोधन भीत उठाता
पग कुछ अधिक सँभल के,
भरतभूमि पड़ती न स्यात्,
संगर में आगे चल के।
''पर, सब कुछ हो चुका, नहीं कुछ
शेष, कथा जाने दो,
भूलो बीती बात, नये
युग को जग में आने दो।
''मुझे शान्ति, यात्रा से पहले
मिले सभी फल मुझको,
सुलभ हो गये धर्म, स्नेह,
दोनों के संबल मुझको।''

पंचम् सर्ग

शारदे! विकल संक्रान्ति-काल का नर मैं,
कलिकाल-भाल पर चढ़ा हुआ द्वापर मैं;
संतप्त विश्व के लिए खोजते छाया,
आशा में था इतिहास-लोक तक आया।

पर हाय, यहाँ भी धधक रहा अम्बर है,
उड़ रही पवन में दाहक, लोल लहर है;
कोलाहल-सा आ रहा काल-गह्वर से,
तांडव का रोर कराल क्षुब्ध सागर से।

संघर्ष-नाद वन-दहन-दारु का भारी,
विस्फोट वह्नि-गिरि का ज्वलन्त भयकारी।
इन पन्नों से आ रहा विस्र यह क्या है?
जल रहा कौन? किसका यह विकट धुआँ है?

भयभीत भूमि के उर में चुभी शलाका,
उड़ रही लाल यह किसकी विजय-पताका?
है नाच रहा वह कौन ध्वंस-असि धारे,
रुधिराक्त-गात, जिह्वा लेलिह्य पसारे?

यह लगा दौड़ने अश्व कि मद मानव का?
हो रहा यज्ञ या ध्वंस अकारण भव का?
घट में जिसको कर रहा खड्ग संचित है,
वह सरिद्वारि है या नर का शोणित है?

मण्डली नृपों की जिन्हें विवश हो ढोती,
यज्ञोपहार हैं या कि मान के मोती?
कुण्डों में यह घृत-वलित हव्य बलता है?
या अहंकार अपहृत नृप का जलता है?

ऋत्विक् पढ़ते हैं वेद कि ऋचा दहन की?
प्रशमित करते या ज्वलित वह्नि जीवन की?
है कपिश धूम प्रतिमान जयी के यश का?
या धुँधुआता है क्रोध महीप विवश का?

यह स्वस्ति-पाठ है या नव अनल-प्रदाहन?
यज्ञान्त-स्नान है याकि रुधिर-अवगाहन?
सम्राट्-भाल पर चढ़ी लाल जो टीका,
चन्दन है या लोहित प्रतिशोध किसी का?

चल रही खड्ग के साथ कलम भी कवि की,
लिखती प्रशस्ति उन्माद, हुताशन, पवि की।
जय-घोष किये लौटा विद्वेष समर से,
शारदे! एक दूतिका तुम्हारे घर से-

दौड़ी नीराजन-थाल लिये निज कर में,
पढ़ती स्वागत के श्लोक मनोरम स्वर में।
आरती सजा फिर लगी नाचने-गाने,
संहार-देवता पर प्रसून छितराने।

अंचल से पोंछ शरीर, रक्त-मल धोकर,
अपरूप रूप से बहुविध रूप सँजो कर,
छवि को सँवार कर बिठा लिया प्राणों में,
कर दिया शौर्य कह अमर उसे गानों में।

हो गया क्षार, जो द्वेष समर में हारा।
जो जीत गया, वह पूज्य हुआ अंगारा।
सच है, जय से जब रूप बदल सकता है,
वध का कलंक मस्तक से टल सकता है-

तब कौन ग्लानि के साथ विजय को तोले,
दृग-श्रवण मूँदकर अपना हृदय टटोले?
सोचे कि एक नर की हत्या यदि अघ है,
तब वध अनेक का कैसे कृत्य अनघ है?

रण-रहित काल में वह किससे डरता है?
हो अभय क्यों न जिस-तिस का वध करता है?
जाता क्यों सीमा भूल समर में आकर?
नर-वध करता अधिकार कहाँ से पाकर?

इस काल-गर्भ में किन्तु, एक नर ज्ञानी
है खड़ा कहीं पर भरे दृगों में पानी,
रक्ताक्त दर्प को पैरों-तले दबाये,
मन में करुणा का स्निग्ध प्रदीप जलाये।

सामने प्रतीक्षा-निरत जयश्री बाला
सहमी-सकुची है खड़ी लिये वरमाला।
पर, धर्मराज कुछ जान नहीं पाते हैं,
इस रूपसि को पहचान नहीं पाते हैं।

कौन्तेय भूमि पर खड़े मात्र हैं तन से,
हैं चढ़े हुए अपरूप लोक में मन से।
वह लोक, जहाँ विद्वेष पिघल जाता है,
कर्कश, कठोर कालायस गल जाता है;

नर जहाँ राग से होकर रहित विचरता,
मानव, मानव से नहीं परस्पर डरता;
विश्वास-शान्ति का निर्भय राज्य जहाँ है,
भावना स्वार्थ की कलुषित त्याज्य जहाँ है।

जन-जन के मन पर करुणा का शासन है।
अंकुश स्नेह का, नय का अनुशासन है।
है जहाँ रुधिर से श्रेष्ठ, अश्रु निज पीना,
साम्राज्य छोड़ कर भीख माँगते जीना।

वह लोक, जहाँ शोणित का ताप नहीं है,
नर के सिर पर रण का अभिशाप नहीं है।
जीवन समता की छाँह-तले पलता है,
घर-घर पीयूष-प्रदीप जहाँ जलता है।

अयि विजय! रुधिर से क्लिन्न वसन है तेरा,
यम-दंष्ट्रा से क्या भिन्न दशन है तेरा?
लपटों की झालर झलक रही अंचल में,
है धुआँ ध्वंस का भरा कृष्ण कुन्तल में।

ओ कुरुक्षेत्र की सर्व-ग्रासिनी व्याली,
मुख पर से तो ले पोंछ रुधिर की लाली।
तू जिसे वरण करने के हेतु विकल है,
वह खोज रहा कुछ और सुधामय फल है।

वह देख वहाँ, ऊपर अनन्त अम्बर में,
जा रहा दूर उड़ता वह किसी लहर में,
लाने धरणी के लिए सुधा की सरिता,
समता-प्रवाहिनी, शुभ्र स्नेह-जल-भरिता।

सच्छान्ति जगेगी इसी स्वप्न के क्रम से,
होगा जग कभी विमुक्त इसी विध यम से।
परिताप दीप्त होगा विजयी के मन में,
उमड़ेंगे जब करुणा के मेघ नयन में;

जिस दिन वध को वध समझ जयी रोयेगा,
आँसू से तन का रुधिर-पंक धोयेगा;
होगा पथ उस दिन मुक्त मनुज की जय का,
आरम्भ भीत धरणी के भाग्योदय का।

संहारसुते! मदमत्त जयश्री बोले!
है खड़ी पास तू किसके वरमाला ले?
हो चुका विदा तलवार उठानेवाला,
यह है कोई साम्राज्य लुटानेवाला।

रक्ताक्त देह से इसको पा न सकेगी,
योगी को मद-शर मार जगा न सकेगी।
होगा न अभी इसके कर में कर तेरा,
यह तपोभूमि, पीछे छूटा घर तेरा।

लौटेगा जब तक यह आकाश-प्रवासी,
आयेगा तज निर्वेद-भूमि संन्यासी,
मद-जनित रंग तेरे न ठहर पायेंगे,
तब तक माला के फूल सूख जायेंगे।

बुद्धि बिलखते उर का चाहे जितना करे प्रबोध,
सहज नहीं छोड़ती प्रकृति लेना अपना प्रतिशोध।

चुप हो जाये भले मनुज का हृदय युक्ति से हार,
रुक सकता पर, नहीं वेदना का निर्मम व्यापार।

सम्मुख जो कुछ बिछा हुआ है, निर्जन, ध्वस्त, विषण्ण,
युक्ति करेगी उसे कहाँ तक आँखों से प्रच्छन्न?

चलती रही पितामह-मुख से कथा अजस्त्र, अमेय,
सुनते ही सुनते, आँसू में फूट पड़े कौन्तेय—

"हाँ, सब कुछ हो चुका पितामह, रहा नहीं कुछ शेष,
शेष एक आँखों के आगे है यह मृत्यु-प्रदेश—

"जहाँ भयंकर, भीमकाय शव-सा निस्पन्द, प्रशान्त,
शिथिल-श्रान्त हो लेट गया है स्वयं काल विक्रान्त।

"रुधिर-सिक्त-अंचल में नर के खण्डित लिये शरीर,
मृतवत्सला विषण्ण पड़ी है धरा मौन, गम्भीर।

"सड़ती हुई विषाक्त गन्ध से दम घुटता-सा जान,
दबा नासिका निकल भागता है द्रुतगति पवमान।

"शीत-सूर्य अवसन्न डालता सहम-सहम कर ताप,
जाता है मुँह छिपा घनों में चाँद चला चुपचाप।

"वायस, गृद्ध, शृगाल, श्वान, दल के दल वन-मार्जार,
यम के अतिथि विचरते सुख से देख विपुल आहार।

"मनु का पुत्र बने पशु-भोजन! मानव का यह अन्त!
भरत-भूमि के नर-वीरों की यह दुर्गति, हा हन्त!

"तन के दोनों ओर झूलते थे जो शुण्ड विशाल,
कभी प्रिया का कंठहार बन, कभी शत्रु का काल-

"गरुड़-देव के पुष्ट पक्ष-निभ दुर्दमनीय, महान,
अभय नोचते आज उन्हीं को वन के जम्बुक, श्वान।

"जिस मस्तक को चंचु मार कर वायस रहे विदार,
उन्नति-कोष जगत का था वह, स्यात्, स्वप्न-भाण्डार।

"नोच-नोच खा रहा गृद्ध जो वक्ष किसी का चीर,
किसी सुकवि का, स्यात्, हृदय था स्नेह-सिक्त, गम्भीर।

"केवल गणना ही नर की कर गया न कम विध्वंस,
लूट ले गया है वह कितने ही अलभ्य अवतंस।

"नर वरेण्य, निर्भीक, शूरता के ज्वलन्त आगार,
कला, ज्ञान, विज्ञान, धर्म के मूर्तिमान आधार—

"रण की भेंट चढ़े सब; हतरत्ना वसुन्धरा दीन,
कुरुक्षेत्र से निकली है होकर अतीव श्रीहीन।

"विभव, तेज, सौन्दर्य, गये सब दुर्योधन के साथ,
एक शुष्क कंकाल लगा है मुझ पापी के हाथ।

"एक शुष्क कंकाल, मृतों के स्मृति-दंशन का शाप,
एक शुष्क कंकाल, जीवितों के मन का संताप।

"एक शुष्क कंकाल, युधिष्ठिर की जय की पहचान,
एक शुष्क कंकाल, महाभारत का अनुपम दान।

"धरती वह, जिस पर कराहता है घायल संसार,
वह आकाश, भरा है जिसमें करुणा का चीत्कार।

"महादेश वह, जहाँ सिद्धि की शेष बची है धूल,
जलकर जिसके क्षार हो गये हैं समृद्धि के फूल।

"यह उच्छिष्ट प्रलय का, अहि-दंशित मुमूर्ष यह देश,
मेरे हित श्री के गृह में वरदान यही था शेष।

"सब शूर सुयोधन-साथ गये,
मृतकों से भरा यह देश बचा है;
मृतवत्सला माँ की पुकार बची,
युवती-विधवाओं का वेश बचा है;
सुख-शान्ति गयी, रस-राग गया,
करुणा, दुख-दैन्य अशेष बचा है;
विजयी के लिए यह भाग्य के हाथ में
क्षार समृद्धि का शेष बचा है।

"रण शान्त हुआ, पर हाय, अभी भी
धरा अवसन्न, डरी हुई है;
नर-नारियों के मुख-देश पै नाश की
छाया-सी एक पड़ी हुई है;
धरती, नभ, दोनों विषण्ण, उदासी
गंभीर दिशा में भरी हुई है;
कुछ जान नहीं पड़ता, धरणी यह
जीवित है कि मरी हुई है।

"यह घोर मसान पितामह! देखिये,
प्रेत समृद्धि के आ रहे वे;
जय-माला पिन्हा कुरुराज को घेर
प्रशस्ति के गीत सुना रहे वे;
मुरदों के कटे-फटे गात को इंगित
से मुझको दिखला रहे वे;
सुनिये यह व्यंग्य-निनाद हँसी का,
ठठा मुझको ही चिढ़ा रहे वे।

"कहते हैं—युधिष्ठिर, बातें बड़ी-बड़ी
साधुता की तू किया करता था;
उपदेश सभी को सदा तप, त्याग,
क्षमा, करुणा का दिया करता था;

अपना दुख-भाग पराये के दुःख से
दौड़ के बाँट लिया करता था;
धन-धाम गँवा कर धर्म के हेतु
वनों में जा वास किया करता था।

"वह था सच या उसका छल-पूर्ण
विराग, न प्राप्त जिसे बल था;
जन में करुणा को जगा निज कृत्य से
जो निज जोड़ रहा दल था?
थी सहिष्णुता या तुझमें प्रतिशोध का
दीपक गुप्त रहा जल था?
वह धर्म था या कि कदर्यता को
ढँकने के निमित्त मृषा छल था?

"जन का मन हाथ में आया जभी,
नर-नायक पक्ष में आने लगे;
करुणा तज जाने लगी तुझको,
प्रतिकार के भाव सताने लगे;
तप-त्याग-विभूषण फेंक के पाण्डव
सत्य स्वरूप दिखाने लगे;

मँडराने विनाश लगा नभ में,
घन युद्ध के आ घहराने लगे।
"अपने दुख और सुयोधन के सुख
क्या न सदा तुझको खलते थे?
कुरुराज का देख प्रताप बता, सच
प्राण क्या तेरे नहीं जलते थे?
तप से ढँक किन्तु, दुरग्नि को पाण्डव
साधु बने जग को छलते थे,
मन में थी प्रचण्ड शिखा प्रतिशोध की
बाहर वे कर को मलते थे।

"जब युद्ध में फूट पड़ी यह आग, तो
कौन-सा पाप नहीं किया तूने?
गुरु के वध के हित झूठ कहा,
सिर काट समाधि में ही लिया तूने[1];
छल से कुरुराज की जाँघ को तोड़
नया रण-धर्म चला दिया तूने;
अरे पापी, मुमूर्षु मनुष्य के वक्ष को
चीर सहास लहू पिया तूने

"अपकर्म किये जिसके हित, अंक में
आज उसे भरता नहीं क्यों है?
ठुकराता है जीत को क्यों पद से?
अब द्रौपदी से डरता नहीं क्यों है?
कुरुराज की भोगी हुई इस सिद्धि को
हर्षित हो वरता नहीं क्यों है?
कुरुक्षेत्र-विजेता, बता, निज पाँव
सिंहासन पै धरता नहीं क्यों है?

"अब बाधा कहाँ? निज भाल पै पाण्डव
राजकिरीट धरें सुख से;
डर छोड़ सुयोधन का जग में
सिर ऊँचा किये विहरें सुख से;
जितना सुख चाहें, मिलेगा उन्हें,
धन-धान्य से धाम भरें सुख से;
अब वीर कहाँ जो विरोध करे?
विधवाओं पै राज्य करें सुख से।"

"सच ही तो पितामह, वीर-वधू
वसुधा विधवा बन रो रही है;
कर-कंकण को कर चूर ललाट से
चिह्न सुहाग का धो रही है;

1. सात्यकि ने समाधिस्थ भूरिश्रवा का मस्तक काट लिया था।

यह देखिये जीत की घोर अनीति,
प्रमत्त पिशाचिनी हो रही है;
इस दु:खिता के सँग ब्याह का साज
समीप चिता के सँजो रही है।

"इस रोती हुई विधवा को उठा
किस भाँति गले से लगाऊँगा मैं?
जिसके पति की न चिता है बुझी,
निज अंक में कैसे बिठाऊँगा मैं?
धन में अनुरक्ति दिखा अवशिष्ट
स्वकीर्ति को भी न गँवाऊँगा मैं।
लड़ने का कलंक लगा सो लगा,

अब और इसे न बढ़ाऊँगा मैं।
"धन ही परिणाम है युद्ध का अन्तिम,
तात, इसे यदि जानता मैं,
वनवास में जो अपने में छिपी
इस वासना को पहचानता मैं,
द्रौपदी की तो बात क्या? कृष्ण का भी
उपदेश नहीं टुक मानता मैं,
फिर से कहता हूँ पितामह, तो
यह युद्ध कभी नहीं ठानता मैं।

"पर हाय, थी मोहमयी रजनी वह,
आज का दिव्य प्रभात न था;
भ्रम की थी कुहा तम-तोम-भरी,
तब ज्ञान खिला अवदात न था;
धन-लोभ उभारता था मुझको,
वह केवल क्रोध का घात न था;
सबसे था प्रचण्ड जो सत्य पितामह,
हाय, वही मुझे ज्ञात न था।

"जब सैन्य चला, मुझमें न जगा
यह भाव कि मैं कहाँ जा रहा हूँ;
किस तत्व का मूल्य चुकाने को देश के
नाश को पास बुला रहा हूँ,
कुरु-कोष है या कच द्रौपदी का,
जिससे रण-प्रेरणा पा रहा हूँ,
अपमान को धोने चला अथवा
सुख भोगने को ललचा रहा हूँ।

"अपमान का शोध मृषा मिस था,
सच में, हम चाहते थे सुख पाना,
फिर एक सुदिव्य सभागृह को
रचवा कुरुराज के जी को जलाना,
निज लोलुपता को सदा नर चाहता
दर्प की ज्योति के बीच छिपाना,
लड़ता वह लोभ से, किन्तु, किया
करता प्रतिशोध का झूठ बहाना।

"प्रतिकार था ध्येय, तो पूर्ण हुआ,
अब चाहिए क्या परितोष हमें?
कुरु-पक्ष के तीन रथी जो बचे,
उनके हित शेष न रोष हमें;
यह माना, प्रचारित हो अरि से
लड़ने में नहीं कुछ दोष हमें;
पर, क्या अघ-बीच न देगा डुबो
कुरु का यह वैभव-कोष हमें?

"सब लोग कहेंगे, युधिष्ठिर दंभ से
साधुता का व्रतधारी हुआ;
अपकर्म में लीन हुआ, जब क्लेश
उसे तप-त्याग का भारी हुआ;

नरमेध में प्रस्तुत तुच्छ सुखों के
निमित्त महा अविचारी हुआ।
करुणा-व्रत-पालन में असमर्थ हो
रौरव का अधिकारी हुआ।

''कुछ के अपमान के साथ पितामह,
विश्व-विनाशक युद्ध को तौलिये;
इनमें से विघातक, पातक कौन
बड़ा है? रहस्य विचार के खोलिये;
मुझ दीन, विपन्न को देख, दयार्द्र हो
देव! नहीं निज सत्य से डोलिये;
नर-नाश का दायी था कौन? सुयोधन
याकि युधिष्ठिर का दल? बोलिये।

''हठ पै दृढ़ देख सुयोधन को
मुझको व्रत से डिग जाना था क्या?
विष की जिस कीच में था वह मग्न,
मुझे उसमें गिर जाना था क्या?
वह खड्ग लिये था खड़ा, इससे
मुझको भी कृपाण उठाना था क्या?
द्रौपदी के पराभव का बदला
कर देश का नाश चुकाना था क्या?

''मिट जाये समस्त महीतल, क्योंकि
किसी ने किया अपमान किसी का;
जगती जल जाये कि छूट रहा है
किसी पर दाहक बाण किसी का;
सबके अभिमान उठें बल, क्योंकि
लगा बलने अभिमान किसी का;
नर हो बलि के पशु दौड़ पड़ें
कि उठा बज युद्ध-विषाण किसी का।

''कहिये मत दीप्ति इसे बल की,
यह दारद है, रण का ज्वर है;
यह दानवता की शिखा है मनुष्य में,
राग की आग भयंकर है;
यह बुद्धि–प्रमाद है, भ्रान्ति में सत्य को
देख नहीं सकता नर है;
कुरुवंश में आग लगी, तो उसे
दिखता जलता अपना घर है।

''दुनिया तज देती न क्यों उनको,
लड़ने लगते जब दो अभिमानी?
मिटने दे उन्हें जग, आपस में
जिन लोगों ने है मिटने की ही ठानी;
कुछ सोचे–विचारे बिना रण में
निज रक्त बहा सकता नर दानी;
पर, हाय, तटस्थ हो डाल नहीं
सकता वह युद्ध की आग में पानी।

''कुरुक्षेत्र का युद्ध समाप्त हुआ; हम
सात हैं; कौरव तीन बचे हैं;
सब लोग मरे; कुछ पंगु, व्रणी,
विकलांग, विवर्ण, निहीन बचे हैं;
कुछ भी न किसी को मिला, सब ही
कुछ खोकर, हो कुछ दीन बचे हैं;
बस, एक हैं पाण्डव जो कुरुवंश का
राज–सिंहासन छीन बचे हैं।

''यह राज–सिंहासन ही जड़ था
इस युद्ध की, मैं अब जानता हूँ,
द्रौपदी–कच में थी जो लोभ की नागिनी,
आज उसे पहचानता हूँ;

मन के दृग की शुभ ज्योति हरी
इस लोभ ने ही, यह मानता हूँ;
यह जीता रहा, तो विजेता कहाँ मैं?
अभी रण दूसरा ठानता हूँ।

"यह होगा महारण राग के साथ,
युधिष्ठिर हो विजयी निकलेगा;
नर-संस्कृति की रणछिन्न लता पर
शान्ति-सुधा-फल दिव्य फलेगा,
कुरुक्षेत्र की धूल नहीं इति पन्थ की,
मानव ऊपर और चलेगा;
मनु का यह पुत्र निराश नहीं,
नव धर्म-प्रदीप अवश्य जलेगा!"

षष्ठम् सर्ग

धर्म का दीपक, दया का दीप,
कब जलेगा, कब जलेगा, विश्व में भगवान?
कब सुकोमल ज्योति से अभिषिक्त
हो, सरस होंगे जली-सूखी रसा के प्राण?

है बहुत बरसी धरित्री पर अमृत की धार,
पर नहीं अब तक सुशीतल हो सका संसार।
भोग-लिप्सा आज भी लहरा रही उद्दाम,
बह रही असहाय नर की भावना निष्काम।

भीष्म हों अथवा युधिष्ठिर या कि हों भगवान,
बुद्ध हों कि अशोक, गाँधी हों कि ईसु महान;
सिर झुका सबको, सभी को श्रेष्ठ निज से मान,
मात्र वाचिक ही उन्हें देता हुआ सम्मान,
दग्ध कर पर को, स्वयं भी भोगता दुख-दाह,
जा रहा मानव चला अब भी पुरानी राह।

अपहरण, शोषण वही, कुत्सित वही अभियान,
खोजना चढ़ दूसरों के भस्म पर उत्थान;
शील से सुलझा न सकना आपसी व्यवहार,
दौड़ना रह-रह उठा उन्माद की तलवार।
द्रोह से अब भी वही अनुराग,
प्राण में अब भी वही फुंकार भरता नाग।

पूर्व युग-सा आज का जीवन नहीं लाचार,
आ चुका है दूर द्वापर से बहुत संसार;
यह समय विज्ञान का, सब भाँति पूर्ण, समर्थ;
खुल गये हैं गूढ़ संसृति के अमित गुरु अर्थ।
चीरता तम को, सँभाले बुद्धि की पतवार,
आ गया है ज्योति की नव भूमि में संसार।

आज की दुनिया विचित्र, नवीन;
प्रकृति पर सर्वत्र है विजयी पुरुष आसीन।
हैं बँधे नर के करों में वारि, विद्युत, भाप,
हुक्म पर चढ़ता-उतरता है पवन का ताप।
हैं नहीं बाकी कहीं व्यवधान,
लाँघ सकता नर सरित्, गिरि, सिन्धु एक समान।

सीस पर आदेश कर अवधार्य,
प्रकृति के सब तत्व करते हैं मनुज के कार्य।
मानते हैं हुक्म मानव का महा वरुणेश,
और करता शब्दगुण अम्बर वहन संदेश।

नव्य नर की मुष्टि में विकराल
हैं सिमटते जा रहे प्रत्येक क्षण दिक्काल।

यह प्रगति निस्सीम! नर का यह अपूर्व विकास!
चरण-तल भूगोल! मुट्ठी में निखिल आकाश!

किन्तु है बढ़ता गया मस्तिष्क ही निःशेष,
छूट कर पीछे गया है रह हृदय का देश;
नर मनाता नित्य नूतन बुद्धि का त्योहार,
प्राण में करते दुखी हो देवता चीत्कार।
चाहिए उनको न केवल ज्ञान,
देवता हैं माँगते कुछ स्नेह, कुछ बलिदान,
मोम-सी कोई मुलायम चीज़,
ताप पाकर जो उठे मन में पसीज-पसीज;
प्राण के झुलसे विपिन में फूल कुछ सुकुमार;
ज्ञान के मरु में सुकोमल भावना की धार;
चाँदनी की रागिनी, कुछ भोर की मुस्कान;
नींद में भूली हुई बहती नदी का गान;
रंग में घुलता हुआ खिलती कली का राज़;
पत्तियों पर गूँजती कुछ ओस की आवाज़;

आँसुओं में दर्द की गलती हुई तस्वीर;
फूल की, रस में बसी-भीगी हुई ज़ंजीर।

धूम, कोलाहल, थकावट धूल के उस पार,
शीत जल से पूर्ण कोई मन्दगामी धार;
वृक्ष के नीचे जहाँ मन को मिले विश्राम,
आदमी काटे जहाँ कुछ छुट्टियाँ, कुछ शाम।
कर्म-संकुल लोक-जीवन से समय कुछ छीन,
हो जहाँ पर बैठ नर कुछ पल स्वयं में लीन;

फूल-सा एकान्त में उर खोलने के हेतु,
शाम को दिन की कमाई तोलने के हेतु।

ले चुकी सुख-भाग समुचित से अधिक है देह,
देवता हैं माँगते मन के लिए लघु गेह।

हाय रे मानव, नियति के दास!
हाय रे मनुपुत्र, अपना आप ही उपहास!

प्रकृति की प्रच्छन्नता को जीत,
सिन्धु से आकाश तक सबको किये भयभीत;
सृष्टि को निज बुद्धि से करता हुआ परिमेय,
चीरता परमाणु की सत्ता असीम, अजेय,
बुद्धि के पवमान में उड़ता हुआ असहाय
जा रहा तू किस दिशा की ओर को निरुपाय?
लक्ष्य क्या? उद्देश्य क्या? क्या अर्थ?
यह नहीं यदि ज्ञात, तो विज्ञान का श्रम व्यर्थ।

सुन रहा आकाश चढ़ ग्रह-तारकों का नाद;
एक छोटी बात ही पड़ती न तुझको याद।

एक छोटी, एक सीधी बात,
विश्व में छायी हुई है वासना की रात।

वासना की यामिनी, जिसके तिमिर से हार,
हो रहा नर भ्रान्त अपना आप ही आहार;

बुद्धि में नभ की सुरभि, तन में रुधिर की कीच,
यह वचन से देवता, पर, कर्म से पशु नीच।

यह मनुज,
जिसका गगन में जा रहा है यान,
काँपते जिसके करों को देख कर परमाणु।
खोल कर अपना हृदय गिरि, सिन्धु, भू, आकाश
हैं सुना जिसको चुके निज गुह्यतम इतिहास।
खुल गये परदे, रहा अब क्या यहाँ अज्ञेय?
किन्तु, नर को चाहिए नित विघ्न कुछ दुर्जेय,
सोचने को और करने को नया संघर्ष,
नव्य जय का क्षेत्र पाने को नया उत्कर्ष।

पर धरा सुपरीक्षिता, विश्लिष्ट स्वाद-विहीन,
यह पढ़ी पोथी न दे सकती प्रवेग नवीन।
एक लघु हस्तामलक यह भूमिमण्डल गोल,
मानवों ने पढ़ लिये सब पृष्ठ जिसके खोल।

किन्तु, नर-प्रज्ञा सदा गतिशालिनी, उद्दाम
ले नहीं सकती कहीं रुक एक पल विश्राम।
यह परीक्षित भूमि, यह पोथी पठित, प्राचीन
सोचने को दे उसे अब बात कौन नवीन?
यह लघुग्रह भूमिमण्डल, व्योम यह संकीर्ण,
चाहिए नर को नया कुछ और जग विस्तीर्ण।

घुट रही नर-बुद्धि की है साँस;
चाहती वह कुछ बड़ा जग, कुछ बड़ा आकाश।
यह मनुज, जिसके लिए लघु हो रहा भूगोल,
अपर-ग्रह-जय की तृषा जिसमें उठी है बोल।
यह मनुज विज्ञान में निष्णात,
जो करेगा, स्यात्, मंगल और विधु से बात।

यह मनुज, ब्रह्माण्ड का सबसे सुरम्य प्रकाश,
कुछ छिपा सकते न जिससे भूमि या आकाश।
यह मनुज, जिसकी शिखा उद्दाम;
कर रहे जिसको चराचर भक्तियुक्त प्रणाम।
यह मनुज, जो सृष्टि का शृंगार;
ज्ञान का, विज्ञान का, आलोक का आगार।

पर, सको सुन तो सुनो, मंगल-जगत के लोग!
तुम्हें छूने को रहा जो जीव कर उद्योग,
वह अभी पशु है; निरा पशु, हिंस्र, रक्त-पिपासु,
बुद्धि उसकी दानवी है स्थूल की जिज्ञासु।
कड़कता उसमें किसी का जब कभी अभिमान,
फूँकने लगते सभी हो मत्त मृत्यु-विषाण।

यह मनुज ज्ञानी, शृगालों, कुक्कुरों से हीन
हो, किया करता अनेकों क्रूर कर्म मलीन।
देह ही लड़ती नहीं, हैं जूझते मन-प्राण,
साथ होते ध्वंस में इसके कला-विज्ञान।
इस मनुज के हाथ से विज्ञान के भी फूल,
वज्र होकर छूटते शुभ धर्म अपना भूल।

यह मनुज, जो ज्ञान का आगार!
यह मनुज, जो सृष्टि का शृंगार!
नाम सुन भूलो नहीं, सोचो-विचारो कृत्य;
यह मनुज, संहार-सेवी वासना का भृत्य।
छद्म इसकी कल्पना, पाषण्ड इसका ज्ञान,
यह मनुष्य मनुष्यता का घोरतम अपमान।

'व्योम से पाताल तक सब कुछ इसे है ज्ञेय।'
पर, न यह परिचय मनुज का, यह न उसका श्रेय।
श्रेय उसका बुद्धि पर चैतन्य उर की जीत;
श्रेय मानव की असीमित मानवों से प्रीति;
एक नर से दूसरे के बीच का व्यवधान
तोड़ दे जो, है वही ज्ञानी, वही विद्वान,
और मानव भी वही।

जो जीव-बुद्धि-अधीर
तोड़ना अणु ही, न इस व्यवधान का प्राचीर;
वह नहीं मानव; मनुज से उच्च, लघु या भिन्न
चित्र-प्राणी है किसी अज्ञात ग्रह का छिन्न।
स्यात्, मंगल या शनिश्चर लोक का अवदान,
अजनबी करता सदा अपने ग्रहों का ध्यान।
रसवती भू के मनुज का श्रेय,
यह नहीं विज्ञान, विद्या-बुद्धि यह आग्नेय;
विश्व-दाहक, मृत्यु-वाहक, सृष्टि का संताप,
भ्रान्त पथ पर अन्ध बढ़ते ज्ञान का अभिशाप।
भ्रमित प्रज्ञा का कुतुक यह इन्द्रजाल विचित्र,
श्रेय मानव के न आविष्कार ये अपवित्र।
सावधान, मनुष्य! यदि विज्ञान है तलवार,
तो इसे दे फेंक, तज कर मोह, स्मृति के पार।
हो चुका है सिद्ध, है तू शिशु अभी नादान;
फूल-काँटों की तुझे कुछ भी नहीं पहचान।
खेल सकता तू नहीं ले हाथ में तलवार;
काट लेगा अंग, तीखी है बड़ी यह धार।
रसवती भू के मनुज का श्रेय,
यह नहीं विज्ञान कटु, आग्नेय।
श्रेय उसका प्राण में बहती प्रणय की वायु,
मानवों के हेतु अर्पित मानवों की आयु।
श्रेय उसका आँसुओं की धार,
श्रेय उसका भग्न वीणा की अधीर पुकार।
दिव्य भावों के जगत् में जागरण का गान,
मानवों का श्रेय आत्मा का किरण-अभियान।
यजन, अर्पण, आत्मसुख का त्याग,
श्रेय मानव का तपस्या की दहकती आग।
बुद्धि-मन्थन से विनिगत श्रेय वह नवनीत,
जो करे नर के हृदय को स्निग्ध, सौम्य, पुनीत।

श्रेय वह विज्ञान का वरदान,
हो सुलभ सबको सहज जिसका रुचिर अवदान।
श्रेय वह नर-बुद्धि का शिवरूप आविष्कार,
ढो सके जिससे प्रकृति सबके सुखों का भार।
मनुज के श्रम के अपव्यय की प्रथा रुक जाय,
सुख-समृद्धि-विधान में नर के प्रकृति झुक जाय।

श्रेय होगा मनुज का समता-विधायक ज्ञान,
स्नेह-सिंचित न्याय पर नव विश्व का निर्माण।
एक नर में अन्य का निःशंक, दृढ़ विश्वास,
धर्मदीप्त मनुष्य का उज्ज्वल नया इतिहास-
समर, शोषण, ह्रास की विरुदावली से हीन,
पृष्ठ जिसका एक भी होगा न दग्ध, मलीन।
मनुज का इतिहास, जो होगा सुधामय कोष,
छलकता होगा सभी नर का जहाँ संतोष।

युद्ध की ज्वर-भीति से हो मुक्त,
जब कि होगी, सत्य ही, वसुधा सुधा से युक्त।
श्रेय होगा सुष्ठु-विकसित मनुज का वह काल,
जब नहीं होगी धरा नर के रुधिर से लाल।
श्रेय होगा धर्म का आलोक वह निर्बन्ध,
मनुज जोड़ेगा मनुज से जब उचित सम्बन्ध।

साम्य की वह रश्मि स्निग्ध, उदार,
कब खिलेगी, कब खिलेगी विश्व में भगवान?
कब सुकोमल ज्योति से अभिषिक्त
हो, सरस होंगे जली-सूखी रसा के प्राण?

सप्तम् सर्ग

रागानल के बीच पुरुष कंचन-सा जलने वाला,
तिमिर-सिन्धु में डूब रश्मि की ओर निकलने वाला,
ऊपर उठने को कर्दम से लड़ता हुआ कमल-सा,
ऊब-डूब करता, उतराता घन में बिधु-मण्डल-सा।

जय हो, अघ के गहन गर्त में गिरे हुए मानव की,
मनु के सरल, अबोध पुत्र की, पुरुष ज्योति-सम्भव की।
हार मान हो गयी न जिसकी किरण तिमिर की दासी,
न्योछावर उस एक पुरुष पर कोटि-कोटि संन्यासी।

मही नहीं जीवित है मिट्टी से डरने वालों से,
जीवित है वह उसे फूँक सोना करने वालों से।
ज्वलित देख पंचाग्नि जगत् से निकल भागता योगी।
धुनी बनाकर उसे तापता अनासक्त रसभोगी।

रश्मि-देश की राह यहाँ तम से होकर जाती है,
उषा रोज़ रजनी के सिर पर चढ़ी हुई आती है।
और कौन है, पड़ा नहीं जो कभी पाप-कारा में?
किसके वसन नहीं भीगे वैतरणी की धारा में?

अथ से ले इति तक किसका पथ रहा सदा उज्ज्वल है?
तोड़ न सके तिमिर का बन्धन, इतना कौन अबल है?
सूर्य-सोम, दोनों डरते जीवन के पथ पिच्छल से,
होते ग्रसित, पुनः चलते दोनों हो मुक्त कवल से।

उठता-गिरता शिखर, गर्त, दोनों से पूरित पथ पर,
कभी विरथ चलता मिट्टी पर, कभी पुण्य के रथ पर,
करता हुआ विकट रण तम से पापी-पश्चातापी,
किरण-देश की ओर चला जा रहा मनुष्य प्रतापी।

जब तक है नर की आँखों में शेष व्यथा का पानी,
जब तक है करती विदग्ध मानव को मलिन कहानी,
जब तक है अवशिष्ट पुण्य-बल की नर में अभिलाषा,
तब तक है अक्षुण्ण मनुज में मानवता की आशा।

पुण्य-पाप, दोनों वृन्तों पर यह आशा खिलती है
कुरुक्षेत्र के चिता-भस्म के भीतर भी मिलती है।
जिसने पाया इसे, वही है सात्विक धर्म-प्रणेता,
सत्सेवक मानव-समाज का, सखा, अग्रणी, नेता।

मिली युधिष्ठिर को यह आशा आखिर रोते-रोते,
आँसू के जल में अधीर अन्तर को धोते-धोते।
कर्मभूमि के निकट विरागी को प्रत्यागत पाकर
बोले भीष्म युधिष्ठिर का ही मनोभाव दुहराकर—

"अन्त नहीं नर-पंथ का, कुरुक्षेत्र की धूल,
आँसू बरसें, तो यहीं खिले शान्ति का फूल।

"द्वापर समाप्त हो रहा है धर्मराज, देखो,
लहर समेटने लगा है एक पारावार।
जग से विदा हो जा रहा है काल-खण्ड एक
साथ लिये अपनी समृद्धि की चिता का क्षार।
संयुग की धूलि में समाधि युग की ही बनी,
बह रही जीवन की आज भी अजस्त्र धार।
गत ही अचेत हो गिरा है मृत्यु-गोद-बीच,
निकट मनुष्य के अनागत रहा पुकार।
"मृत्ति के अधूरे, स्थूल भाग ही मिटे हैं यहाँ,
नर का जला है नहीं भाग्य इस रण में।
शोणित में डूबा है मनुष्य, मनुजत्व नहीं,
छिपता फिरा है देह छोड़ वह मन में।
आशा है मनुष्य की मनुष्य में, न ढूँढ़ो उसे
धर्मराज, मानव का लोक छोड़ वन में।
आशा मनुजत्व की विजेता के विलाप में है,
आशा है मनुष्य की तुम्हारे अश्रुकण में।

"रण में प्रवृत्त राग-प्रेरित मनुष्य होता,
रहती विरक्त किन्तु, मानव की मति है।
मन से कराहता मनुष्य, पर, ध्वंस-बीच
तन में नियुक्त उसे करती नियति है।
प्रतिशोध से हो दृप्त वासना हँसाती उसे,
मन को कुरेदती मनुष्यता की क्षति है।
वासना-विराग, दो कगारों में पछाड़ खाती
जा रही मनुष्यता बनाती हुई गति है।

"ऊँचा उठ देखो, तो किरीट, राज, धन, तप,
जप, याग, योग से मनुष्यता महान है।
धर्म-सिद्ध रूप नहीं भेद-भिन्नता का यहाँ,
कोई भी मनुष्य किसी अन्य के समान है।
वह भी मनुष्य, है न धन और बल जिसे,
मानव ही वह, जो धनी या बलवान है।
मिला जो निसर्ग-सिद्ध जीवन मनुष्य को है,
उसमें न दीखता कहीं भी व्यवधान है।

"अब तक किन्तु, नहीं मानव है देख सका
शृंग चढ़ जीवन की समता-अमरता।
प्रत्यय मनुष्य का मनुष्य में न दृढ़ अभी,
एक दूसरे से अभी मानव है डरता।
और है रहा सदैव शंकित मनुष्य यह
एक दूसरे में द्रोह-द्वेष-विष भरता।
किन्तु, अब तक है मनुष्य बढ़ता ही गया
एक दूसरे से सदा लड़ता-झगड़ता।

"कोटि नर-वीर, मुनि मानव के जीवन का
रहे खोजते ही शिवरूप आयु-भर हैं।
खोजते इसे ही सिन्धु मथित हुआ है और
छोड़े गये व्योम में अनेक ज्ञान-शर हैं।

खोजते इसे ही पाप-पंक में मनुष्य गिरे,
खोजते इसे ही बलिदान हुए नर हैं।
खोजते इसे ही मानवों ने है विराग लिया,
खोजते इसे ही किये ध्वंसक समर हैं।

"खोजना इसे हो, तो जलाओ शुभ्र ज्ञान-दीप,
आगे बढ़ो वीर, कुरुक्षेत्र के श्मशान से।
राग में विरागी, राज-दण्ड-धर योगी बनो,
नर को दिखाओ पन्थ त्याग-बलिदान से।
दलित मनुष्य में मनुष्यता के भाव भरो,
दर्प की दुरग्नि करो दूर बलवान से।
हिम-शीत भावना में आग अनुभूति की दो,
छीन लो हलाहल उदग्र अभिमान से।

"रण रोकना है, तो उखाड़ विषदन्त फेंको,
वृक-व्याघ्र-भीति से मही को मुक्त कर दो।
अथवा अजा के छागलों को भी बनाओ व्याघ्र,
दाँतों में कराल कालकूट-विष भर दो।
वट की विशालता के नीचे जो अनेक वृक्ष
ठिठुर रहे हैं, उन्हें फैलने का वर दो।
रस सोखता है जो मही का भीमकाय वृक्ष,
उसकी शिराएँ तोड़ो, डालियाँ कतर दो।

"धर्मराज, यह भूमि किसी की
नहीं क्रीत है दासी,
हैं जन्मना समान परस्पर
इसके सभी निवासी।
"है सबको अधिकार मृत्ति का
पोषक-रस पीने का,
विविध अभावों से अशंक हो-
कर जग में जीने का।

"सबको मुक्त प्रकाश चाहिए,
सबको मुक्त समीरण,
बाधा-रहित विकास, मुक्त
आशंकाओं से जीवन।

"उद्भिज-निभ चाहते सभी नर
बढ़ना मुक्त गगन में,
अपना चरम विकास खोजना
किसी प्रकार भुवन में।

"लेकिन, विघ्न अनेक सभी
इस पथ में पड़े हुए हैं,
मानवता की राह रोक कर
पर्वत अड़े हुए हैं।

"न्यायोचित सुख सुलभ नहीं
जब तक मानव-मानव को,
चैन कहाँ धरती पर, तब तक
शान्ति कहाँ इस भव को?

"जब तक मनुज-मनुज का यह
सुख-भाग नहीं सम होगा,
शमित न होगा कोलाहल,
संघर्ष नहीं कम होगा।

"था पथ सहज अतीव, सम्मिलित
हो समग्र सुख पाना,
केवल अपने लिए नहीं
कोई सुख-भाग चुराना।

"उसे भूल नर फँसा परस्पर
की शंका में, भय में,
निरत हुआ केवल अपने ही
हेतु भोग-संचय में।

"इस वैयक्तिक भोगवाद से
फूटी विष की धारा,
तड़प रहा जिसमें पड़कर
मानव-समाज यह सारा।

"प्रभु के दिये हुए सुख इतने
हैं विकीर्ण धरणी पर,
भोग सकें जो इन्हें, जगत् में,
कहाँ अभी इतने नर?

"भू से ले अम्बर तक यह जल
कभी न घटने वाला;
यह प्रकाश, यह पवन कभी भी
नहीं सिमटने वाला,

"यह धरती फल, फूल, अन्न, धन-
रतन उगलने वाली,
यह पालिका मृगव्य जीव की
अटवी सघन निराली,

"तुंग शृंग ये शैल कि जिनमें
हीरक-रत्न भरे हैं,
ये समुद्र, जिनमें मुक्ता,
विद्रुम, प्रवाल बिखरे हैं।

"और, मनुज की नयी-नयी
प्रेरक वे जिज्ञासाएँ!
उसकी वे सुबलिष्ठ, सिन्धु-मन्थन
में दक्ष भुजाएँ।

"अन्वेषिणी बुद्धि वह
तम में भी टटोलने वाली,
नव रहस्य, नव रूप प्रकृति का
नित्य खोलने वाली।

"इस भुज, इस प्रज्ञा के सम्मुख
कौन ठहर सकता है?
कौन विभव वह, जो कि पुरुष को
दुर्लभ रह सकता है?

"इतना कुछ है भरा विभव का
कोष प्रकृति के भीतर,
निज इच्छित सुख-भोग सहज
ही पा सकते नारी-नर।

"सब हो सकते तुष्ट, एक-सा
सब सुख पा सकते हैं,
चाहें तो, पल में धरती को
स्वर्ग बना सकते हैं।

"छिपा दिये सब तत्व आवरण
के नीचे ईश्वर ने,
संघर्षों से खोज निकाला
उन्हें उद्यमी नर ने।

"ब्रह्मा से कुछ लिखा भाग्य में
मनुज नहीं लाया है,
अपना सुख उसने अपने
भुजबल से ही पाया है।

"प्रकृति नहीं डर कर झुकती है
कभी भाग्य के बल से,
सदा हारती वह मनुष्य के
उद्यम से; श्रमजल से।

"ब्रह्मा का अभिलेख पढ़ा
करते निरुद्यमी प्राणी,
धोते वीर कु-अंक भाल का
बहा भ्रुवों से पानी।

''भाग्यवाद आवरण पाप का
और शस्त्र शोषण का,
जिससे रखता दबा एक जन
भाग दूसरे जन का।

''पूछो किसी भाग्यवादी से,
यदि विधि-अंक प्रबल है,
पद पर क्यों देती न स्वयं
वसुधा निज रतन उगल है?

''उपजाता क्यों विभव प्रकृति को
सींच-सींच वह जल से?
क्यों न उठा लेता निज संचित
कोष भाग्य के बल से?

''और मरा जब पूर्व जन्म में
वह धन संचित कर के,
विदा हुआ था न्यास समर्जित
किसके घर में धर के?

''जनमा है वह जहाँ, आज
जिस पर उसका शासन है,
क्या है यह घर वही? और
यह उसी न्यास का धन है?

''यह भी पूछो, धन जोड़ा
उसने जब प्रथम-प्रथम था,
उस संचय के पीछे तब
किस भाग्यवाद का क्रम था?

''वही मनुज के श्रम का शोषण,
वही अनयमय दोहन,
वही मलिन छल नर-समाज से,
वही ग्लानिमय अर्जन।

''एक मनुज संचित करता है
अर्थ पाप के बल से,
और भोगता उसे दूसरा
भाग्यवाद के छल से।

''नर-समाज का भाग्य एक है,
वह श्रम, वह भुज-बल है,
जिसके सम्मुख झुकी हुई
पृथिवी, विनीत नभ-तल है।

''जिसने श्रम-जल दिया, उसे
पीछे मत रह जाने दो,
विजित प्रकृति से सबसे पहले
उसको सुख पाने दो।

''जो कुछ न्यस्त प्रकृति में है,
वह मनुज मात्र का धन है,
धर्मराज, उसके कण-कण का
अधिकारी जन-जन है।

''सहज-सुरक्षित रहता यह
अधिकार कहीं मानव का,
आज रूप कुछ और दूसरा
ही होता इस भव का।

''श्रम होता सबसे अमूल्य धन,
सब जन खूब कमाते,
सब अशंक रहते अभाव से,
सब इच्छित सुख पाते।

''राजा-प्रजा नहीं कुछ होता,
होते मात्र मनुज ही,
भाग्य-लेख होता न मनुज को,
होता कर्मठ भुज ही।

"कौन यहाँ राजा किसका है?
किसकी, कौन प्रजा है?
नर ने होकर भ्रमित स्वयं ही
यह बन्धन सिरजा है।

"बिना विघ्न जल, अनिल सुलभ हैं
आज सभी को जैसे;
कहते हैं, थी सुलभ भूमि भी
कभी सभी को वैसे।

"नर नर का प्रेमी था, मानव
मानव का विश्वासी,
अपरिग्रह था नियम, लोग थे
कर्म-लीन संन्यासी।

"बँधे धर्म के बन्धन में
सब लोग जिया करते थे,
एक दूसरे का दुख हँसकर
बाँट लिया करते थे।

"उच्च-नीच का भेद नहीं था;
जन-जन में समता थी।
था कुटुम्ब-सा जन-समाज,
सब पर सब की ममता थी।

"जी भर करते काम, ज़रूरत भर
सब जन थे खाते,
नहीं कभी निज को औरों से
थे विशिष्ट बतलाते।

"सब थे बद्ध समष्टि-सूत्र में,
कोई छिन्न नहीं था,
किसी मनुज का सुख समाज के
सुख से भिन्न नहीं था।

''चिन्ता न थी किसी को कुछ
निज-हित संचय करने की।
चुरा ग्रास मानव-समाज का
अपना घर भरने की।

''राजा-प्रजा नहीं था कोई
और नहीं शासन था,
धर्म-नीति का जन-जन के
मन-मन पर अनुशासन था।

''अब जो व्यक्ति-स्वत्व रक्षित है
दण्ड-नीति के कर से,
स्वयं समादृत था वह पहले
धर्म-निरत नर-नर से।

''ऋजु था जीवन-पन्थ, चतुर्दिक्
थीं उन्मुक्त दिशाएँ,
पग-पग पर थीं अड़ी राज्य-
नियमों की नहीं शिलाएँ,

''अनायास अनुकूल लक्ष्य को
मानव पा सकता था,
निज विकास की चरम भूमि तक,
निर्भय जा सकता था।

''तब पैठा कलि-भाव स्वार्थ बन
कर मनुष्य के मन में,
लगा फैलने गरल लोभ का
छिपे-छिपे जीवन में।

''पड़ा कभी दुष्काल, मरे नर,
जीवित का मन डोला,
उर के किसी निभृत कोने से
लोभ मनुज का बोला।

''हाय, रखा होता संचित कर
तूने यदि कुछ अपना,
इस संकट में आज नहीं
पड़ता यों तुझे कलपना।

''नहीं टूटती तुझ पर सब के
साथ विपद यह भारी,
जाग मूढ़, आगे के हित
अब भी तो कर तैयारी।

''और, जगा, सचमुच, मनुष्य
पछतावे से घबरा कर,
लगा जोड़ने अपना धन
औरों की आँख बचाकर।

''चला एक नर जिधर, उधर ही
चले सभी नर-नारी,
होने लगी आत्म-रक्षा की
अलग-अलग तैयारी।

''लोभ-नागिनी ने विष फूँका,
शुरू हो गयी चोरी,
लूट, मार, शोषण, प्रहार,
छीना-झपटी, बरजोरी।

''छिन्न-भिन्न हो गयी शृंखला
नर-समाज की सारी,
लगी डूबने कोलाहल के
बीच मही बेचारी।

''तब आयी तलवार शमित
करने को जगद्दहन को,
सीमा में बाँधने मनुज की
नयी लोभ-नागिन को।

''और खड्गधर पुरुष विक्रमी
शासक बना मनुज का,
दण्ड-नीति-धारी त्रासक
नर-तन में छिपे दनुज का।

''तज समष्टि को व्यष्टि चली थी
निज को सुखी बनाने,
गिरी गहन दासत्व-गर्त के
बीच स्वयं अनजाने।

''नर से नर का सहज प्रेम
उठ जाता नहीं भुवन से,
छल करने में सकुचाता यदि
मनुज कहीं परिजन से।

''रहता यदि विश्वास एक में
अचल दूसरे नर का,
निज सुख-चिन्तन में न भूलता
वह यदि ध्यान अपर का।

''रहता याद उसे यदि, वह कुछ
और नहीं है, नर है,
विज्ञ वंशधर मनु का, पशु-
पक्षी से योनि इतर है।

''तो न मानता कभी मनुज
निज सुख गौरव खोने में,
किसी राजसत्ता के सम्मुख
विनत दास होने में।

''सह न सका जो सहज-सुकोमल
स्नेह-सूत्र का बन्धन,
दण्ड-नीति के कुलिश-पाश में
अब है बद्ध वही जन।

"दे न सका नर को नर जो
सुख-भाग प्रीति से, नय से,
आज दे रहा वही भाग वह
राज-खड्ग के भय से।

"अवहेला कर सत्य-न्याय के
शीतल उद्गारों की,
समझ रहा नर आज भली विध
भाषा तलवारों की।

"इससे बढ़कर मनुज-वंश का
और पतन क्या होगा?
मानवीय गौरव का बोलो,
और हनन क्या होगा?

"नर-समाज को एक खड्गधर
नृपति चाहिए भारी,
डरा करें जिससे मनुष्य
अत्याचारी, अविचारी।

"नृपति चाहिए, क्योंकि परस्पर
मनुज लड़ा करते हैं,
खड्ग चाहिए, क्योंकि न्याय से
वे न स्वयं डरते हैं।

"नृपति चाहिए, जो कि उन्हें
पशुओं की भाँति चलाये,
रखे अनय से दूर, नीति-नय
पग-पग पर सिखलाये!

"नृप चाहिए नरों को, जो
समझे उनकी नादानी,
रहे छींटता पल-पल
पारस्परिक कलह पर पानी।

"नृप चाहिए, नहीं तो आपस
में वे खूब लड़ेंगे,
एक दूसरे के शोणित में
लड़कर डूब मरेंगे!

"राजतन्त्र द्योतक है नर की
मलिन, निहीन प्रकृति का,
मानवता की ग्लानि और
कुत्सित कलंक संस्कृति का।

"आया था यह प्रगति रोकने
को केवल दुर्गुण की,
नहीं बाँधने को सीमा
उन्मुक्त पुरुष के गुण की।

"सो देखो, अब दिशा विचारों
की भी निर्धारित है,
राज-नियम से परे कर्म क्या,
चिन्तन भी वारित है।

"कृष्ण हों कि हों विदुर, नियोजित
सब पर एक नियम है,
के मन, वच और कर्म पर
अनुशासन का क्रम है।

भी यदि क्रिया रही
अनुकूल नहीं सत्ता के,
तृणवत् नगण्य हैं
सम्मुख राजप्रथा के।

उसका रक्षण ही
ध्येय एक शासन का;
भूमि की ओर न बह
सकता प्रवाह जीवन का।

कहीं रूढ़ि-विपरीत बात
कोई न बोल सकता है।
दया धर्म का भेद मुक्त
होकर न खोल सकता है।

"ग्रीवा पर दुःशील तंत्र की
शिला भयानक धारे;
घूम रहा है मनुज जगत् में
अपना रूप बिसारे।

"अपना बस रख सका नहीं
अविचल वह अपने मन पर,
अतः, बिठाया एक खड्गधर
प्रहरी निज जीवन पर।

"और आज प्रहरी यह देता
उसे न हिलने-डुलने,
रूढ़ि-बन्ध से परे मनुज का
रूप निराला खुलने।

"किन्तु, स्वयं नर ने कुकृत्य से
संभव किया इसे है,
आपस में लड़-झगड़ उसी ने
आदर दिया इसे है।

"जब तक स्वार्थ-शैल मानव के
मन का चूर न होगा।
तब तक नर-समाज से असिधर
प्रहरी दूर न होगा।

"नर है विकृत अतः, नरपति
चाहिए धर्म-ध्वज-धारी,
राजतंत्र है हेय, इसी से
राजधर्म है भारी।

''धर्मराज, संन्यास खोजना
कायरता है मन की,
है सच्चा मनुजत्व ग्रन्थियाँ
सुलझाना जीवन की।

''दुर्लभ नहीं मनुज के हित,
निज वैयक्तिक सुख पाना,
किन्तु, कठिन है कोटि-कोटि
मनुजों को सुखी बनाना।

''एक पन्थ है, छोड़ जगत् को
अपने में रम जाओ,
खोजो अपनी मुक्ति और
निज को ही सुखी बनाओ।

''अपर पन्थ है, औरों को भी
निज विवेक-बल दे कर,
पहुँचो स्वर्ग-लोक में जग से
साथ बहुत को ले कर।

''जिस तप से तुम चाह रहे
पाना केवल निज सुख को,
कर सकता है दूर वही तप
अमित नरों के दुख को।

''निज तप रखो चुरा निज हित,
बोलो, क्या न्याय यही है?
क्या समष्टि-हित मोक्ष-दान का
उचित उपाय यही है?

''निज को ही देखो न युधिष्ठिर!
देखो निखिल भुवन को,
स्ववत् शान्ति-सुख की ईहा में
निरत, व्यग्र जन-जन को।

"माना, इच्छित शान्ति तुम्हारी
तुम्हें मिलेगी वन में,
चरण-चिह्न पर, कौन छोड़
जाओगे यहाँ भुवन में?
"स्यात् दुःख से तुम्हें कहीं
निर्जन में मिले किनारा,
शरण कहाँ पायेगा पर, यह
दह्यमान जग सारा?
"और कहीं आदर्श तुम्हारा
ग्रहण करें नर-नारी,
तो फिर जाकर बसे विपिन में
उखड़ सृष्टि यह सारी।
"बसी भूमि मरघट बन जाये,
राजभवन हो सूना,
जिससे डरता यती, उसी का
वन बन जाये नमूना।
"त्रिविध ताप में लगें वहाँ भी
जलने यदि पुरवासी,
तो फिर भागे उठा कमण्डलु
वन से भी संन्यासी।
"धर्मराज, क्या यती भागता
कभी गेह या वन से?
सदा भागता फिरता है वह
एक मात्र जीवन से।
"वह चाहता सदैव मधुर रस,
नहीं तिक्त या लोना।
वह चाहता सदैव प्राप्ति ही,
नहीं कभी कुछ खोना

"प्रमुदित पाकर विजय, पराजय
देख खिन्न होता है,
हँसता देख विकास, ह्रास को
देख बहुत रोता है।

"रह सकता न तटस्थ खीझता,
रोता, अकुलाता है,
कहता, क्यों जीवन उसके
अनुरूप न बन जाता है।

"लेकिन, जीवन जड़ा हुआ है
सुधर एक ढाँचे में,
अलग-अलग वह ढला करे
किसके-किसके साँचे में?

"यह अरण्य, झुरमुट जो काटे,
अपनी राह बना ले,
क्रीत दास यह नहीं किसी का,
जो चाहे, अपना ले।

"जीवन उनका नहीं युधिष्ठिर,
जो उससे डरते हैं,
वह उनका, जो चरण रोप,
निर्भय होकर लड़ते हैं।

"यह पयोधि सबका मुख करता
विरत लवण-कटु जल से,
देता सुधा उन्हें, जो मथते
इसे मन्दराचल से।

"बिना चढ़े फुनगी पर जो
चाहता सुधाफल पाना,
पीना रस-पीयूष, किन्तु,
यह मन्दर नहीं उठाना;

"खारा कह जीवन-समुद्र को
वही छोड़ देता है,
सुधा-सुरा-मणि-रत्न-कोष से
पीठ फेर लेता है।

"भाग खड़ा होता जीवन से
स्यात्, सोच यह मन में,
सुख का अक्षय कोष कहीं
प्रक्षिप्त पड़ा है वन में।

"जाते ही वह जिसे प्राप्त कर
सब कुछ पा जायेगा,
गेह नहीं छोड़ा कि देह धर
फिर न कभी आयेगा।

"जनाकीर्ण जग से व्याकुल हो
निकल भागना वन में,
धर्मराज, है घोर पराजय
नर की जीवन-रण में।

"यह निवृत्ति है ग्लानि, पलायन
का यह कुत्सित क्रम है,
निःश्रेयस यह श्रमित, पराजित,
विजित बुद्धि का भ्रम है।

"इसे दीखती मुक्ति रोर से,
श्रवण मूँद लेने में,
और दहन से परित्राण-पथ
पीठ फेर देने में।

"मरुद्भीत प्रति काल छिपाती
सजग, क्षीण-बल तप को,
छाया में डूबती छोड़कर
जीवन के आतप को।

"कर्म-लोक से दूर पलायन-
कुंज बसा कर अपना,
निरी कल्पना में देखा
करती अलभ्य का सपना।

"वह सपना, जिस पर अंकित
उँगली का दाग नहीं है,
वह सपना, जिसमें ज्वलन्त
जीवन की आग नहीं है।

"वह सपनों का देश, कुसुम ही
कुसुम जहाँ खिलते हैं,
उड़ती कहीं न धूल, न पथ में
कण्टक ही मिलते हैं।

"कटु की नहीं, मात्र सत्ता है
जहाँ मधुर-कोमल की,
लौह पिघल कर जहाँ रश्मि
बन जाता विधु-मण्डल की।

"जहाँ मानती हुक्म कल्पना
का जीवन-धारा है,
होता सब कुछ वही, जो कि
मानव-मन को प्यारा है।

"उस विरक्त से पूछो, मन से
वह जो देख रहा है,
उस कल्पना-जनित जग का
भू पर अस्तित्व कहाँ है?

"कहाँ वीथि है वह, सेवित है
जो केवल फूलों से।
कहाँ पंथ वह, जिस पर छिलते
चरण नहीं शूलों से?

"कहाँ वाटिका वह रहती जो
सतत प्रफुल्ल, हरी है?
व्योम-खण्ड वह कहाँ,
कर्म-रज जिसमें नहीं भरी है?

"वह तो भाग छिपा चिन्तन में
पीठ फेर कर रण से,
विदा हो गये, पर, क्या इससे
दाहक दुःख भुवन से?

"और, कहे, क्या स्वयं उसे
कर्तव्य नहीं करना है?
नहीं कमा कर सही भीख से
क्या न उदर भरना है?

"कर्मभूमि है निखिल महीतल,
जब तक नर की काया,
तब तक है जीवन के अणु-अणु
में कर्तव्य समाया।

"क्रिया-धर्म को छोड़ मनुज
कैसे निज सुख पायेगा?
कर्म रहेगा साथ, भाग वह
जहाँ कहीं जायेगा।

"धर्मराज, कर्मठ मनुष्य का
पथ संन्यास नहीं है,
नर जिस पर चलता, वह
मिट्टी है, आकाश नहीं है।

"ग्रहण कर रहे जिसे आज
तुम निर्वेदाकुल मन से,
कर्म-न्यास वह तुम्हें दूर
ले जायेगा जीवन से।

"दीपक का निर्वाण बड़ा कुछ
श्रेय नहीं जीवन का,
है सद्धर्म दीप्त रख उसको
हरना तिमिर भुवन का।

"भ्रमा रही तुमको विरक्ति जो,
वह अस्वस्थ, अबल है,
अकर्मण्यता की छाया, वह
निरे ज्ञान का छल है।

"बचो युधिष्ठिर, कहीं डुबो दे
तुम्हें न यह चिन्तन में,
निष्क्रियता का धूम भयानक
भर न जाये जीवन में।

"यह विरक्ति निष्कर्म बुद्धि की
ऐसी क्षिप्र लहर है,
एक बार जो उड़ा, लौट
सकता न पुनः वह घर है।

"यह अनित्य कह-कह कर देती
स्वादहीन जीवन को,
निद्रा को जागर्ति बताती,
जीवन अचल मरण को।

"सत्ता कहती अनस्तित्व को
और लाभ खोने को,
श्रेष्ठ कर्म कहती निष्क्रियता
में विलीन होने को।

"कहती सत्य उसे केवल,
जो कुछ गोतीत, अलभ है,
मिथ्या कहती उस गोचर को,
जिसमें कर्म सुलभ है।

''कर्महीनता को पनपाती
है विलाप के बल से,
काट गिराती जीवन के
तरु को विराग के छल से।

''सह सकती यह नहीं कर्म-संकुल
जग के कल-कल को,
प्रशमित करती अतः, विविध विध
नर के दीप्त अनल को।

''हर लेती आनन्द-हास
कुसुमों का यह चुम्बंन से,
और प्रगतिमय कम्पन जीवित,
चपल तुहिन के कण से।

''शेष न रहते सबल गीत
इसके विहंग के उर में,
बजती नहीं बाँसुरी इसकी
उद्वेलन के सुर में।

''पौधों से कहती यह, तुम मत
बढ़ो, वृद्धि ही दुख है,
आत्म-नाश है मुक्ति महत्तम,
मुरझाना ही सुख है।

''सुविकच, स्वस्थ, सुरम्य सुमन को
मरण-भीति दिखला कर,
करती है रस-भंग, काल का
भोजन उसे बता कर।

''श्री, सौन्दर्य, तेज, सुख,
सबसे हीन बना देती है,
यह विरक्ति मानव को दुर्बल,
दीन बना देती है।

"नहीं मात्र उत्साह-हरण
करती नर के प्राणों से,
लेती छीन प्रताप भुजा से
और दीप्ति बाणों से।

"धर्मराज, किसको न ज्ञात है
यह कि अनित्य जगत है,
जनमा कौन, काल का जो नर
हुआ नहीं अनुगत है?

"किन्तु, रहे पल-पल अनित्यता
ही जिस नर पर छायी,
नश्वरता को छोड़ पड़े
कुछ और नहीं दिखलायी।

"द्विधामूढ़ वह कर्म योग से
कैसे कर सकता है?
कैसे हो सन्नद्ध जगत के
रण में लड़ सकता है।

"तिरस्कार कर वर्तमान
जीवन के उद्वेलन का,
करता रहता ध्यान अहर्निश
जो विद्रूप मरण का,

"अकर्मण्य वह पुरुष काम
किसके, कब आ सकता है?
मिट्टी पर कैसे वह कोई
कुसुम खिला सकता है?

"सोचेगा वह सदा, निखिल
अवनीतल ही नश्वर है,
मिथ्या यह श्रम-भार, कुसुम ही
होता कहाँ अमर है?

“जग को छोड़ खोजता फिरता
अपनी एक अमरता,
किन्तु, उसे भी कभी लील
जाती अजेय नश्वरता।

“पर, निर्विघ्न सरणि जग की
तब भी चलती रहती है,
एक शिखा ले भार अपर का
जलती ही रहती है।

“झर जाते हैं कुसुम जीर्णदल,
नये फूल खिलते हैं,
रुक जाते कुछ, दल में फिर
कुछ नये पथिक मिलते हैं।

“अकर्मण्य पण्डित हो जाता
अमर नहीं रोने से,
आयु न होती क्षीण किसी की
कर्म-भार ढोने से।

“इतना भेद अवश्य युधिष्ठिर!
दोनों में होता है,
हँसता एक मृत्ति पर, नभ में
एक खड़ा रोता है।

“एक सजाता है, धरती का
अंचल फुल्ल कमल से,
भरता भूतल में समृद्धि-सुषमा
अपने भुजबल से।

“पंक झेलता हुआ भूमि का,
त्रिविध ताप को सहता,
कभी खेलता हुआ ज्योति से,
कभी तिमिर में बहता।

"अगम-अतल को फोड़ बहाता
धार मृत्ति के पय की,
रस पीता, दुन्दुभी बजाता
मानवता की जय की।

"होता विदा जगत से, जग को
कुछ रमणीय बना कर,
साथ हुआ था जहाँ, वहाँ से
कुछ आगे पहुँचा कर।

"और दूसरा कर्महीन चिन्तन
का लिये सहारा,
अम्बुधि में निर्यान खोजता
फिरता विफल किनारा।

"कर्मनिष्ठ नर की भिक्षा पर
सदा पालते तन को,
अपने को निर्लिप्त, अधम
बतलाते निखिल भुवन को,

"कहता फिरता सदा, जहाँ तक
दृश्य, वहाँ तक छल है,
जो अदृश्य, जो अलभ, अगोचर,
सत्य वही केवल है।

"मानो, सचमुच ही, मिथ्या हो
कर्मक्षेत्र यह काया,
मानो, पुण्य-प्रताप मनुज के,
सचमुच ही, हों माया।

"मानो, कर्म छोड़, सचमुच ही,
मनुज सुधर सकता हो,
मानो, वह अम्बर पर तजकर
भूमि ठहर सकता हो।

"कलुष निहित, मानो, सच ही हो
जन्म-लाभ लेने में,
भुज से दुख का विषम भार
ईषल्लघु कर देने में।

"गन्ध, रूप, रस, शब्द, स्पर्श,
मानो, सचमुच, पातक हों।
रसना, त्वचा, घ्राण, दृग, श्रुति
ज्यों मित्र नहीं, घातक हों।

"मुक्ति-पन्थ खुलता हो, मानो,
सचमुच, आत्म-हनन से,
मानो, सचमुच ही, जीवन हो
सुलभ नहीं जीवन से।

"मानो, निखिल सृष्टि यह कोई
आकस्मिक घटना हो,
जन्म-साथ उद्देश्य मनुज का,
मानो नहीं सना हो।

"धर्मराज, क्या दोष हमारा
धरती यदि नश्वर है?
भेजा गया, यहाँ पर आया
स्वयं न कोई नर है।

"निहित न होता भाग्य मनुज का
यदि मिट्टी नश्वर में,
चित्र-योनि धर मनुज जनमता
स्यात्, कहीं अम्बर में-

"किरणरूप, निष्काम, रहित हो
क्षुधा-तृषा के रुज से,
कर्म-बन्ध से मुक्त, हीन दृग,
श्रवन, नयन, पद, भुज से।

''किन्तु मृत्ति है कठिन, मनुज को
भूख लगा करती है,
त्वच से मन तक विविध भाँति
की तृषा जगा करती है।

''यह तृष्णा, यह भूख न देती
सोने कभी मनुज को,
मन को चिन्तन-ओर, कर्म की
ओर भेजती भुज को।

''मन को स्वर्ग मृषा वह, जिसको
देह न पा सकती है,
इससे तो अच्छा वह, जो कुछ
भुजा बना सकती है।

''क्योंकि भुजा जो कुछ लाती,
मन भी उसको पाता है,
निराध्यान, भुज क्या? मन को भी
दुर्लभ रह जाता है।

''सफल भुजा वह, मन को भी जो
भरे प्रमोद-लहर से।
सफल ध्यान, अंकन असाध्य
रह जाये न जिसका कर से।

''जहाँ भुजा का एक पन्थ हो,
अन्य पन्थ चिन्तन का,
सम्यक् रूप नहीं खुलता उस
द्वन्द्व-ग्रस्त जीवन का।

''केवल ज्ञानमयी निवृत्ति से
द्विधा न मिट सकती है,
जगत छोड़ देने से मन की
तृषा न घट सकती है।

"बाहर नहीं शत्रु, छिप जाये
जिसे छोड़ नर वन में,
जाओ जहाँ, वहीं पाओगे
इसे उपस्थित मन में।

"पर, जिस अरि को यती जीतता
जग से बाहर जाकर,
धर्मराज, तुम उसे जीत
सकते जग को अपना कर।

"हठयोगी जिसका वध करता
आत्म-हनन के क्रम से,
जीवित ही तुम उसे स्व-वश में
कर सकते संयम से।

"और जिसे पा कभी न सकता
संन्यासी, वैरागी,
जग में रह कर हो सकते तुम
उस सुख के भी भागी।

"वह सुख, जो मिलता असंख्य
मनुजों का अपना हो कर,
हँस कर उनके साथ हर्ष में
और दुःख में रो कर।

"वह, जो मिलता भुजा पंगु की
ओर बढ़ा देने से;
कन्धों पर दुर्बल-दरिद्र का
बोझ उठा लेने से।

"सुकृत-भूमि वन ही न; मही यह
देखो, बहुत बड़ी है,
पग-पग पर साहाय्य-हेतु
दीनता विपिन्न खड़ी है।

"इसे चाहिए अन्न, वसन, जल,
इसे चाहिए आशा,
इसे चाहिए सुदृढ़ चरण, भुज,
इसे चाहिए भाषा।

"इसे चाहिए वह झाँकी,
जिसको तुम देख चुके हो,
इसे चाहिए वह मंज़िल,
तुम आकर जहाँ रुके हो।

"धर्मराज, जिसके भय से तुम
त्याग रहे जीवन को,
उस प्रदाह में देखो जलते
हुए समग्र भुवन को।

"यदि संन्यास शोध है इसका,
तो मत युक्ति छिपाओ,
सब हैं विकल, सभी को अपना,
मोक्ष-मन्त्र सिखलाओ।

"जाओ, शमित करो निज तप से
नर के रागानल को,
बरसाओ पीयूष, करो
अभिषिक्त दग्ध भूतल को।

"सिंहासन का भाग छीनकर
दो मत निर्जन वन को,
पहचानो निज कर्म युधिष्ठिर!
कड़ा करो कुछ मन को।

"क्षत-विक्षत है भरत-भूमि का
अंग-अंग बाणों से,
त्राहि-त्राहि का नाद निकलता
है असंख्य प्राणों से।

"कोलाहल है, महा त्रास है,
विपद आज है भारी,
मृत्यु-विवर से निकल चतुर्दिक्
तड़प रहे नर-नारी।

"इन्हें छोड़ वन में जाकर तुम
कौन शान्ति पाओगे?
चेतन की सेवा तज जड़ को
कैसे अपनाओगे?

"पोंछो अश्रु, उठो, द्रुत जाओ
वन में नहीं, भुवन में।
होओ खड़े असंख्य नरों की
आशा बन जीवन में।

"बुला रहा निष्काम कर्म वह,
बुला रही है गीता,
बुला रही है तुम्हें आर्त्त हो
मही समर-संभीता।

"इस विविक्त, आहत वसुधा को,
अमृत पिलाना होगा,
अमित लता-गुल्मों में फिर से
सुमन खिलाना होगा।

"हरना होगा अश्रु-ताप
हत-बन्धु अनेक नरों का,
लौटाना होगा सुहास
अगणित-विषण्ण अधरों का।

"मरे हुओं पर धर्मराज,
अधिकार न कुछ जीवन का,
ढोना पड़ता सदा
जीवितों को ही भार भुवन का।

"मरा सुयोधन जभी, पड़ा
यह भार तुम्हारे पाले।
सँभलेगा यह सिवा तुम्हारे
किसके और सँभाले?

"मिट्टी का यह भार सँभालो
बन कर्मठ संन्यासी,
पा सकता कुछ नहीं मनुज
बन केवल व्योम-प्रवासी।

"ऊपर सब कुछ शून्य-शून्य है,
कुछ भी नहीं गगन में,
धर्मराज! जो कुछ है, वह है
मिट्टी में, जीवन में।

"सम्यक् विधि से इसे प्राप्त कर
नर सब कुछ पाता है,
मृत्ति-जयी के पास स्वयं ही
अम्बर भी आता है।

"भोगो तुम इस भाँति मृत्ति को,
दाग नहीं लग पाये,
मिट्टी में तुम नहीं, वही
तुममें विलीन हो जाये।

"और सिखाओ भोगवाद की
यही रीति जन-जन को,
करें विलीन देह को मन में,
नहीं देह में मन को।

"मन का होगा आधिपत्य
जिस दिन मनुष्य के तन पर,
होगा त्याग अधिष्ठित जिस दिन
भोग-लिप्त जीवन पर।

''कंचन को नर साध्य नहीं,
साधन जिस दिन जानेगा,
जिस दिन सम्यक् रूप मनुज का
मानव पहचानेगा।

''वल्कल-मुकुट, परे दोनों के,
छिपा एक जो नर है,
अन्तर्वासी एक पुरुष जो
पिण्डों से ऊपर है।

''जिस दिन देख उसे पायेगा
मनुज ज्ञान के बल से,
रह न जायेगी उलझ दृष्टि जब
मुकुट और वल्कल से।

''उस दिन होगा सुप्रभात
नर के सौभाग्य-उदय का,
उस दिन होगा शंख ध्वनित
मानव की महा विजय का।

''धर्मराज, गन्तव्य देश है दूर,
न देर लगाओ,
इस पथ पर मानव-समाज को
कुछ आगे पहुँचाओ।

''सच है, मनुज बड़ा पापी है,
नर का वध करता है।
पर, भूलो मत, मानव के हित
मानव ही मरता है।

''लोभ द्रोह, प्रतिशोध, वैर,
नरता के विघ्न अमित हैं,
तप, बलिदान, त्याग के संबल
भी न किन्तु, परिमित हैं।

''प्रेरित करो इतर प्राणी को
निज चरित्र के बल से,
भरो पुण्य की किरण प्रजा में
अपने तप निर्मल से।

''मत सोचो दिन-रात पाप में
मनुज निरत होता है,
हाय, पाप के बाद वही तो
पछताता, रोता है।

''यह क्रन्दन, यह अश्रु मनुज की
आशा बहुत बड़ी है,
बतलाता है यह, मनुष्यता
अब तक नहीं मरी है।

''सत्य नहीं पातक की ज्वाला
में मनुष्य का जलना,
सच है बल समेट कर उसका
फिर आगे को चलना।

''नहीं एक अवलम्ब जगत का
आभा पुण्य-व्रती की
तिमिर-व्यूह में फँसी किरण भी
आशा है धरती की।

''फूलों पर आँसू के मोती,
और अश्रु में आशा,
मिट्टी के जीवन की छोटी,
नपी-तुली परिभाषा।

''आशा के प्रदीप को जलाये चलो धर्मराज,
एक दिन होगी मुक्त भूमि रण-भीति से।

भावना मनुष्य की न राग में रहेगी लिप्त,
सेवित रहेगा नहीं जीवन अनीति से।
हार से मनुष्य की न महिमा घटेगी और
तेज न बढ़ेगा किसी मानव का जीत से।
स्नेह-बलिदान होंगे पाप नरता के एक,
धरती मनुष्य की बनेगी स्वर्ग प्रीति से।''

❑

टिप्पणियाँ

प्रथम सर्ग

1—वह कौन रोता है वहाँ?

इस पंक्ति को लेकर कई प्रकार की अटकलें लगायी गयी हैं। अक्सर पाठकों ने समझा है कि यह धर्मराज युधिष्ठिर के लिए है। किन्तु युद्ध के इतिहास पर रोनेवाला कोई भी व्यक्ति हो सकता है। युधिष्ठिर, बुद्ध, महावीर, अशोक, ईसा, तुलसीदास, गाँधी, टॉलस्टॉय, बरट्रेंड रसल, रोम्याँ रोलाँ, ये सभी महापुरुष युद्ध विरोधी हुए हैं। ये बड़े नाम हैं। असंख्य साधारण लोग भी युद्ध के इतिहास में रोते रहे हैं। यहाँ लक्ष्य कोई एक व्यक्ति नहीं है। जो भी युद्ध का विरोधी है, वह यहाँ कर्त्ता यानी रोनेवाला माना जा सकता है।

2—प्रत्यय=विश्वास। व्याहार=वचन। वलक्ष=श्वेत।

3—पविकाय पाण्डव भीम=भीम जब नवजात शिशु थे, एक बार वे माता की गोद से नीचे चट्टान पर गिर गये। इससे भीम को तो कुछ नहीं हुआ, किन्तु वह चट्टान चूर-चूर हो गयी। इसी से भीम का नाम वज्रांग और पविकाय पड़ गया।

4—द्रोणसुत के सीस की मणि छीनकर=जब अश्वत्थामा ने रात के अन्धकार में द्रौपदी के पाँच पुत्रों को मार डाला और अपना आग्नेयास्त्र उत्तरा के गर्भ पर चला दिया, पाण्डवों ने उसका पीछा किया और पकड़ कर उसे मार डालना चाहा। किन्तु अन्त में निश्चय यह हुआ कि अश्वत्थामा के ललाट पर जो मणि है, उसे छीनकर उसे जीवन-दान दे दिया जाये। वह मणि युधिष्ठिर की आज्ञा से भीमसेन ने द्रौपदी के हाथ में दी थी। उत्तरा के गर्भ से जो बालक (परीक्षित) जन्मा, वह मृत था। उसे भगवान श्रीकृष्ण ने जीवित कर दिया।

5—तत्व वह करगत हुआ या उड़ गया?

मनुष्य युद्ध में किस उद्देश्य से प्रवृत्त होता है? युद्ध से कोई भी लक्ष्य प्राप्त नहीं होता। मनुष्य पहले तो लड़कर विनाश झेलता है, फिर बाद को लक्ष्य-प्राप्ति के लिए वह शान्तिमय उपायों से नये ढंग के विचार करने लगता है। युद्ध से प्राप्त होनेवाला कोई लाभ उतना श्रेष्ठ नहीं माना जा सकता, जो लाभ शान्ति से प्राप्त होता है। कोई भी विजेता नैतिक दृष्टि से यह नहीं कह सकता कि युद्ध से उसका लक्ष्य पूर्ण हो गया है।

6—वज्र-सा कुछ टूट कर स्मृति से गिरा=स्मृति आकाश है। वज्र यह याद आना है कि युद्ध में अभिमन्यु का वध अन्यायपूर्वक हुआ है।

द्वितीय सर्ग

1—आयी हुई मृत्यु से कहा अजेय भीष्म ने=

भीष्म के पिता शान्तनु सत्यवती नामक युवती पर आसक्त हो गये थे। उस युवती के साथ अपने पिता का विवाह कराने के क्रम में ही भीष्म को अखण्ड ब्रह्मचर्य निभाने की भीषण प्रतिज्ञा करनी पड़ी थी। भीष्म के इसी कृत्य से प्रसन्न होकर राजा शान्तनु ने भीष्म को इच्छा-मरण का वरदान दिया था और कहा था कि तुम्हारी अनुमति पाये बिना मृत्यु तुम्हारे पास नहीं आयेगी।

2—बुझती शिखा में दिया घृत भगवान ने=

अर्जुन जब युद्धभूमि में आया, वह अपने विरोध में खड़े गुरुजनों और प्रियजनों को देखकर घबरा गया, उसका शरीर काँपने लगा, गाण्डीव उसके हाथ से स्रस्त होकर गिर गया। वह बिलकुल लड़ने को तैयार नहीं था। अर्जुन का मोह दूर करने को ही भगवान श्रीकृष्ण ने *गीता* कही। तब कहीं जाकर अर्जुन युद्ध के लिए तैयार हुआ। अर्थात् जो आग बुझी जा रही थी, उसमें घृत डालकर भगवान ने उसे प्रज्वलित कर दिया।

3—सबको विनष्ट किया एक अभिमान ने=

अगर युद्ध का आरम्भ केवल सुख प्राप्त करने को किया जाता, तो युद्ध के खिलाफ़ जो दलीलें हैं, वे इतनी मज़बूत हैं कि उनके कारण युद्ध

असंभव हो जाते। लेकिन युद्ध व्यक्तिगत अथवा सामूहिक सुखों को दृष्टि में रखकर नहीं आरम्भ किये जाते। उनका आरम्भ सदैव आवेग के कारण होता है, अभिमान के कारण होता है। दुर्योधन आसानी से यह समझ सकता था कि पाँच गाँव देकर सन्धि करने का प्रस्ताव स्वीकरणीय और वांछनीय प्रस्ताव था। किन्तु उसके अभिमान को यह प्रस्ताव स्वीकार्य नहीं हुआ। और महाभारत के कारण मनुष्यता की जो अपार क्षति हुई, उससे तो अच्छा यही था कि पाण्डव राज्य पाने की इच्छा ही छोड़ देते। आखिर उतने बड़े संग्राम का परिणाम क्या हुआ? सभ्यता के भीतर कलिकाल का प्रवेश।

4—युद्ध अनघ है=

भगवान ने *गीता* में कहा है, युद्ध में या तो वीर-गति प्राप्त होती है अथवा विजय। हतो वा प्राप्यसि स्वर्गं जित्वा वा भोक्षसे महीम्। दोनों ही अवस्थाओं में युद्ध पवित्र कार्य है।

5—हम में बचा है यहाँ कौन किस पाप से?

अभिमन्यु को सात महारथियों ने घेरकर मारा। भीष्म शिखंडी के द्वारा गिराये गये। द्रोण को निःशस्त्र बनाने के लिए युधिष्ठिर को झूठ बोलना पड़ा। लड़ना छोड़कर द्रोण जब समाधिमग्न हो रहे थे, धृष्टद्युम्न ने उसी समय उनकी गरदन काट दी। सात्यकि ने भूरिश्रवा का मस्तक उस समय काट लिया, जब वह लड़ना छोड़कर समाधि में बैठ गया था। *महाभारत* से भी यही सिद्ध होता है कि युद्ध पवित्र मार्ग पर रहकर लड़ा ही नहीं जा सकता।

6—लोहू-सनी जीत मुझे दीखती अशुद्ध है।

यह महात्मा गाँधी की भावना की प्रतिध्वनि है। वे अक्सर कहा करते थे कि हिंसा एवं रक्तपात के द्वारा प्राप्त स्वराज्य मुझे स्वीकार नहीं होगा। द्वितीय विश्वयुद्ध के समय उन्होंने यह भी कहा था कि भारत का स्वराज्य यदि लंदन और पेरिस के भग्नावशेष पर मिला भी, तो मैं उसका स्पर्श नहीं करूँगा।

7—और तब उठता...आकाश भी।

आरम्भ में जनता युद्ध के विषय में कोई उत्साह नहीं दिखाती। समाज

के कुछ अग्रणी लोग उसकी कल्पना करते हैं, क्योंकि प्रतिशोध के भाव का पोषण शिक्षित समुदाय के हृदय में होता है। लेकिन जब युद्ध समीप आने लगता है, तब जनसमूह के भीतर की पाशविकता ज़ोर पकड़ने लगती है। यह युद्ध-ज्वर एक प्रकार का सामूहिक मानसिक रोग बन जाता है।

8—जो खड़ा होता ज्वलित प्रतिशोध पर।

प्रतिशोध, प्रतिवैर अथवा बदला लेने की भावना, इसका कहीं-न-कहीं आत्मरक्षा से संबंध है।

तृतीय सर्ग

1—अहंकार या घृणा...रण का?

युद्ध के जन्म में दो भावनाएँ काम करती हैं। एक तो अहंकार और दूसरी घृणा। यहाँ घृणा के भीतर ईर्ष्या समाविष्ट है। अहंकार कहता है, जो कुछ मेरे पास है, उसे मैं रखूँगा। ईर्ष्या कहती है, तुम्हारी विशालता के कारण ही अन्य पौधे बौने हो रहे हैं। मैं तुम्हारी जड़ को काट दूँगी।

2—अहंकार नहीं छलका=

जल से भरे हुए पात्र को ठेस लगे, तो पानी छलक जायेगा। वही रूपक यहाँ है।

3—शान्ति-भक्त...क्यों चाहें कभी लड़ाई?

विषमता से पूर्ण संसार में जो लाभ की स्थिति में हैं, वे युद्ध नहीं चाहते। अपने अधिकारों की रक्षा के लिए वे बराबर शान्ति की दुहाई देते हैं। लेकिन वे नहीं समझते कि 'स्टेटस' (यथा-स्थिति) को कायम रखने के लिए शान्ति की दुहाई देना युद्ध को निकट बुलाना है।

4—आनन सरल...दशन है=

जो देश दूसरे देशों के शोषण के बल पर समृद्धि और सुख भोग रहे हैं, वे शान्ति का समर्थन सबसे अधिक करते हैं। व्यंग्य यहाँ इसी प्रकार की शान्ति पर है। यह शान्ति अपनी आकृति पर सरलता बनाये रखती है, बहुत ही मधुर वाणी बोलती है, शरीर पर उज्जवल वस्त्र धारण करती है, किन्तु भीतर दाँतों में ज़हर का कोष संचित किये रहती है।

चतुर्थ सर्ग

1—पाकर पा न सका संसार=

भीष्म संसार में जन्मे तो, किन्तु संसार के हुए नहीं। जो विवाह करता है, वह संसार का होता है। जो गृहिणी को छोड़ देता है, वही संसार का त्याग करता है। गृहिणी ही त्यागते हैं लोग गृह कह के (विष्णुप्रिया)। भीष्म ने काशिराज की तीन कन्याओं—अम्बा, अम्बिका, अम्बालिका—का हरण किया था। अम्बिका और अम्बालिका का ब्याह भीष्म ने अपने सौतेले भाई विचित्रवीर्य से कर दिया। अम्बा की कथा लम्बी है। अन्त में वह भीष्म से विवाह करने पर तुल गयी। इसी प्रश्न पर भीष्म और परशुराम के बीच युद्ध भी हुआ। परशुराम भीष्म के गुरु थे। उन्होंने अम्बा को वचन दिया था कि मैं भीष्म से तुम्हारा ब्याह करवा दूँगा। किन्तु भीष्म तब भी विवाह करने को तैयार नहीं हुए। यही अम्बा मरकर राजा द्रुपद के यहाँ शिखंडिनी बनकर जन्मी और पीछे शिखंडी नामक पुरुष बन गयी। यही शिखंडी कुरुक्षेत्र में भीष्म की मृत्यु का कारण बना।

2—हिम-विमुक्त...यौवन है=

जवानी का लक्षण है कि उसमें बर्फ़ की शीतलता नहीं होती।

3—वय का फल...सुयोधन-घर में=

व्यास ने भीष्म का जो चरित्र अंकित किया है, वह अत्यन्त उच्चकोटि का है। आश्चर्य है कि उतना बड़ा मनुष्य दुर्योधन के अत्याचारों को चुपचाप सहता रहा। *महाभारत* में भीष्म के मुख से कहलाया गया है कि वे चुप्पी साधे हुए इसलिए थे कि उन्होंने दुर्योधन का नमक खाया था। वास्तविक कारण यह था कि वे वृद्ध हो गये थे और कोई भी क्रान्तिकारी निर्णय वृद्ध मनुष्य नहीं ले सकता। बच्चों के मोह में केवल धृतराष्ट्र ही नहीं था, उनका कुछ मोह भीष्म को भी था।

4—कृत्रिम पटल उधर जाता है=

भीष्म अपनी मनोवैज्ञानिक ग्रन्थि की बात कह रहे हैं। मन से वे पाण्डवों को प्यार करते थे, उनके पक्ष को न्याय-संगत समझते थे; पाण्डवों ने जो अनेक कष्ट झेले थे, उनके कारण भीष्म की सारी सहानुभूति पाण्डवों के

साथ थी। किन्तु शरीर से वे दुर्योधन के साथ थे, उनके सेनापति और सलाहकार थे। कुरुक्षेत्र में जब संकट का काल आया, भीष्म की यह द्विधा विनष्ट हो गई। उन्होंने पाण्डवों को वह उपाय बतला दिया, जिससे वे मारे जा सकते थे।

5—न्याय-व्यूह को भेद=

व्यूह शब्द से षड्यन्त्र की गंध आती है। न्याय के साथ इस शब्द का पूरा मेल नहीं बैठता। यह न्याय-व्यूह दुर्योधन का रचा हुआ था, उस भीष्म का रचा हुआ था, जिसने हृदय की अवहेलना करके अपने को बुद्धि के शासन में डाल दिया था। भीष्म सम्पत्ति तो पाण्डवों की थे, किन्तु वह सम्पत्ति दुर्योधन के व्यूह में पड़ी हुई थी। अर्जुन ने इस न्याय-व्यूह को भेदकर अपना धन प्राप्त कर लिया।

6—किन्तु बुद्धि ने मुझे भ्रमित कर=

मनुष्य के भीतर चेतन अंश कम, अवचेतन अंश अधिक है। चेतना के सात हिस्से अवचेतन में डूबे हुए हैं। केवल आठवाँ हिस्सा ऊपर लहराता है, जिसे हम मन या बुद्धि कहते हैं। बुद्धि जो चाहेगी, उसे हासिल कर लेगी, किन्तु वह चाहेगी क्या, यह उसे मालूम नहीं है। चेतन के सात हिस्से जैसे चाहते हैं, उसका आठवाँ हिस्सा वैसे ही हिलता है। इसीलिए रहस्यवादियों ने बुद्धि को शंका से देखा है और अक्सर पक्ष हृदय का लिया है। इकबाल ने कहा है :-

जो अक़्ल का गुलाम हो, वो दिल न कर क़बूल।
गुज़र जा अक़्ल से आगे कि यह नूर
चिराग़े-राह है, मंज़िल नहीं है।

पंचम् सर्ग

1—द्वापर=

इसका शाब्दिक अर्थ शंका है, दुविधा है।

2—यह लगा दौड़ने...शोणित है=

राजसूय और अश्वमेध यज्ञ चक्रवर्ती पद प्राप्त करने के बहाने थे। उन यज्ञों में घोड़ा छोड़ा जाता था और घोड़े के पीछे सेना चलती थी।

अगर कोई राजा घोड़े को पकड़ लेता था, तो वहीं लड़ाई ठन जाती थी। यज्ञ में अनेक नदियों का जल भी एकत्र किया जाता था।

3—हे धुआँ...कुन्तल में=

प्राचीन और मध्यकाल में प्रसाधन का एक रूप यह भी था कि रमणियाँ अपने सिर के बालों को सुखाने के लिए, उन्हें सुगन्धित तथा और भी काला बनाने के लिए, अगरु के धुएँ से सेंकती थीं।

4—हम सात हैं, कौरव तीन बचे हैं=

कृपाचार्य, कृतवर्मा और अश्वत्थामा, ये तीन वीर कौरवों की ओर के। पाँच भाई पाण्डव, सात्यकि और श्रीकृष्ण, ये सात पाण्डवों की ओर के।

षष्ठम् सर्ग

1—बुद्धि में...रुधिर की कीच=

मनुष्य का दुर्भाग्य यह है कि वह जो कुछ सोचता है, उसे जी नहीं पाता, आचरणों में उतार नहीं पाता। चेतना का अभियान पशुता से देवत्व की ओर है। आदमी पशु और देवता के बीच की कड़ी बनकर ठहरा हुआ है। मन से मनुष्य कभी-कभी देवता से भी आगे बढ़ जाता है। किन्तु उसके शरीर में पाशविक वृत्तियाँ अब भी भरी हुई हैं। मनुष्य की वास्तविक उन्नति तब होगी, जब बौद्धिक उन्नति के साथ उसके चरित्र की भी उन्नति हो।

2—श्रेय उसका...उर की जीत।

जिस सभ्यता में हम जी रहे हैं, उसका भी अभिशाप यही है कि उसका बुद्धि-पक्ष जितना अधिक विकास पा गया है, उसके हृदय-पक्ष का उतना विकास नहीं हो पाया है। कहना तो यह चाहिए कि इस सभ्यता में बुद्धि का जितना ही विकास होता है, हृदय का जल उतना ही कम होता जाता है। नगरों की जितनी बढ़ती होती है, ग्राम उतने ही उपेक्षित होते जाते हैं। होना यह चाहिए कि मनुष्य की मानसिक शक्तियाँ उसके हार्दिक गुणों (दया, मैत्री, त्याग, परोपकार) के अधीन रहें।

3—भ्रमित प्रज्ञा का...ये अपवित्र=

अधिक आवश्यक क्या है ? मनुष्य के ज्ञान में वृद्धि अथवा उसके आचरण में सुधार ? आदमी का ज़्यादा जानना या उसका भली ज़िन्दगी बसर करना ? कोरे ज्ञान की निन्दा करते हुए महात्मा कबीर ने कहा था, "पण्डित से गदहा भला।" जिन आविष्कारों से मनुष्य की शान्ति खतरे में पड़ती है, वे आविष्कार बुद्धि की आतिशबाज़ी के खेल हैं, उनसे मनुष्य के गौरव में वृद्धि नहीं होती।

4—सावधान मनुष्य...स्मृति के पार।

जिन दिनों *कुरुक्षेत्र* काव्य की रचना हो रही थी, उन्हीं दिनों हिरोशिमा और नागासाकी पर परमाणु बमों का पहले-पहल विस्फोट हुआ था। विज्ञान को स्मृति के पार फेंक देने की सलाह उस समय घबराहट में दी गयी सलाह मानी गयी थी। किन्तु आज अमरीका और यूरोप के बड़े-बड़े चिंतक इस बात पर गंभीरता से विचार कर रहे हैं कि सृष्टि के सभी रहस्य जानने के योग्य नहीं हैं। पहले मान्यता यह थी कि विज्ञान पर किसी भी प्रकार की रोक नहीं लगायी जानी चाहिए। आज सोचा यह जा रहा है कि संसार को मिलकर कोई ऐसा कानून बनाना चाहिए, जो विज्ञान को ऐसे आविष्कारों की ओर जाने से रोक सके, जिन्हें नियन्त्रण में रखने की नैतिक शक्ति मनुष्य के पास नहीं है।

5—साम्य की वह रश्मि...भगवान=

चूँकि मार्क्स ने धर्म को अफ़ीम कहा है और लगभग सभी साम्यवादी नास्तिक हैं, इसलिए यह मान लेना कि समाज में जहाँ भी समता लायी जायेगी, वहाँ नास्तिकता भी अवश्य रहेगी, नितान्त भ्रान्त धारणा है। हम ईश्वर से बहुत-सी वस्तुएँ माँगते हैं। उनसे हम यह भी माँग सकते हैं कि हमें शक्ति और सद्बुद्धि दीजिये कि हम समाज से विषमता को दूर कर सकें।

सप्तम् सर्ग

1—ज्वलित देख...योगी।

काम, क्रोध, लोभ, मद और मोह, ये ही पंच पावक हैं, जिनसे बचने के लिए योगी घर को छोड़कर बनवास करने जाता है।

2—खोजते इसे ही सिन्धु...शर हैं।

सिन्धु को मथकर रत्न निकालना, यह मनुष्य की आधिभौतिक समृद्धि के लिए किये जाने वाले पुरुषार्थ का प्रतीक है। व्योम में ज्ञान के शर फेंकना, यह आध्यात्मिक साधना का प्रतीक है।

3—खोजते इसे ही किये ध्वंसक समर हैं।

आधुनिक युग में जो विश्व युद्ध हुए, उनका उद्देश्य यही था कि अब आगे कोई युद्ध न हो।

4—तो न मानता कभी...दास होने में।

जब तक मनुष्य के भीतर लोभ, छल और कपट पैदा नहीं हुए थे, तब तक न तो सरकार थी, न कोई राजा था। आगे भी जब मनुष्य लोभ, छल और कपट से मुक्त हो जायेगा, राज्यसत्ता विलुप्त हो जायेगी और मनुष्य को सरकार की आवश्यकता नहीं रहेगी। गाँधी और मार्क्स ने इस शासन-मुक्त समाज की कल्पना अपने-अपने ढंग पर की है।

5—सो देखो अब दिशा...वारित है-

जब सरकारें नहीं बनी थीं, मनुष्य के चिन्तन पर कहीं कोई रोक-टोक नहीं थी। किन्तु सरकारों के बनने के साथ थोड़ा-बहुत पहरा विचारों पर भी पड़ने लगा। हर सरकार चाहती है कि चिन्तक कोई ऐसी बात न बोले, जिससे हमारी शक्ति क्षीण हो, हमारे अस्तित्व पर खतरा आये। और इस क्रम में बड़े-से-बड़े व्यक्तियों की भी जिह्वा पर लगाम लगायी जाती है, बड़े-से-बड़े चिंतकों को भी अनुशासन के नाम पर दबाया जाता है।

6—नर है विकृत...है भारी।

मनुष्य अगर अपने दोषों का मार्जन आप ही कर ले, तो उसे कानून, पुलिस, मुंसिफ और मैजिस्ट्रेट की ज़रूरत नहीं रहेगी। लेकिन चूँकि मनुष्य निर्दोष नहीं है, इसलिए यह और भी आवश्यक है कि जनता पर शासन करने वाले लोग जितेन्द्रिय और पवित्र हों और वे मनुष्य को निर्मल बनाने का प्रयास करें, जिससे आगे चल कर शासन और प्रशासक की आवश्यकता ही नहीं रहे।

7—देता सुधा...मन्दराचल से।

सिंधु-मंथन हुआ था, तब मथानी का काम मन्दराचल पर्वत से लिया

गया था और रज्जु का काम शेषनाग से।

8—हठयोगी-संयम से।

यहाँ निवृत्ति और प्रवृत्ति के बीच तुलना का प्रयास है। हठयोग निवृत्ति का मार्ग है। इस मार्ग पर चलनेवालों में सिद्धि उसे मिलती है, जो प्रत्येक इन्द्रिय को मारकर उसे शान्त कर सकता है। किन्तु प्रवृत्ति-मार्ग में इन्द्रियों को मारने की आवश्यकता नहीं होती। इन्द्रियों को संयम में रखना ही यथेष्ट समझा जाता है।

9—मृत्तिजयी के पास...आता है।

इसके सर्वश्रेष्ठ दृष्टान्त राजा जनक हुए हैं। योग भोग महँ राखेउ गोई। मिथिलायां प्रदीप्तायां न मे दह्यति किंचन। परमहंस रामकृष्ण कहते थे कि सिक्खों के दसों गुरु राजा जनक के अवतार थे।

10—करें विलीन देह...मन को।

तुलनीय विचार, सर इकबाल में भी मिलता है। काफिर की ये पहचान कि आफाक में गुम है। मौमिन की ये पहचान कि गुम इसमें हैं आफाक।

11—तिमिर-व्यूह में...धरती की।

तुलनीय विचार 'हारे को हरि नाम' में :-

प्रत्येक पापी का भविष्य है,
जैसे प्रत्येक सन्त का अतीत होता है।

❑❑❑